Mosaik
bei GOLDMANN

Buch

Dieses Buch richtet sich an alle, die wenig Zeit haben und trotzdem
gesund essen wollen. Jackie Habgood stellt das Prinzip der Trennkost für Einsteiger leicht verständlich dar: Nahrungsmittel, die sich
gegenseitig beeinträchtigen, werden getrennt voneinander gegessen, zum Beispiel stärkehaltige Kartoffeln und proteinhaltiges
Fleisch. Der Speiseplan besteht überwiegend aus frischen Früchten, Gemüse und Salaten. Alle Rezepte sind einfach und schnell zuzubereiten und optimal aufeinander abgestimmt. Tabellen und
Schaubilder erleichtern die Zusammenstellung der Ernährung.
Viele wertvolle Tipps helfen, Erkrankungen mit der Trennkost erfolgreich zu behandeln.

Autorin

Jackie Habgood, gelernte Krankenschwester und Hebamme, ist
überzeugte Anhängerin der Hay'schen Trennkost und veranstaltet
Vorträge und Seminare zum Thema natürliche Ernährung mit
Trennkost.

JACKIE HABGOOD

Hay'sche Trennkost – leicht gemacht

Aus dem Englischen
von Renate Zeltner

Mosaik
bei GOLDMANN

Die hier vorgestellten Informationen sind nach bestem Wissen und Gewissen geprüft, dennoch übernehmen Autorin und Verlag keinerlei Haftung für Schäden irgendeiner Art, die sich direkt oder indirekt aus dem Gebrauch dieser Anwendungen ergeben. Bitte beachten Sie in jedem Fall die Grenzen der Selbstbehandlung und nehmen Sie bei Krankheitssymptomen professionelle Diagnose und Therapie durch ärztliche oder naturheilkundliche Hilfe in Anspruch.

Umwelthinweis:
Alle bedruckten Materialien dieses Taschenbuches
sind chlorfrei und umweltschonend.

Deutsche Erstausgabe September 2000
© der deutschsprachigen Ausgabe
Wilhelm Goldmann Verlag, München
© 1997 Jackie Habgood
Originaltitel: The Hay Diet Made Easy
Originalverlag: Souvenir Press Ltd., London
Umschlaggestaltung: Design Team München
unter Verwendung folgender Fotos:
Umschlag und Umschlaginnenseiten: Guido Pretzl
Redaktion: Renate Zeltner
Satz: Uhl + Massopust, Aalen
Druck: Presse-Druck, Augsburg
Verlagsnummer: 16285
Kö · Herstellung: Max Widmaier
Made in Germany
ISBN 3-442-16285-8
www.goldmann-verlag.de

1 3 5 7 9 10 8 6 4 2

ICH WIDME DIESES BUCH

- all jenen, die einen leichteren Zugang zur Hay'schen Trennkost brauchen

- jedem, der etwas mehr für seine Gesundheit tun möchte

- den Leuten, die eine Diät trotz aller Mühe nicht einhalten
  können

- allen, die ihre seelischen, körperlichen und geistigen Fähigkeiten voll ausschöpfen möchten

- denjenigen, die sich mit allen möglichen unerklärlichen
  Symptomen herumschlagen müssen

DANK

Mein ausdrücklicher Dank gilt der wachsenden Zahl von Ärzten und Diätberatern, die gegenüber dieser Methode aufgeschlossen sind.

Die Fallbeschreibungen in diesem Buch schildern tatsächliche Erfahrungen, doch wurden aus Gründen des Persönlichkeitsschutzes die Namen geändert. Mein Dank gilt allen, die eingewilligt haben, dass ihre Geschichte in dieses Buch einging.

Vor allem aber ist das Büchlein ein Werk meiner Familie. Ich danke besonders Ken für seine praktische Unterstützung, Alexandra für die Zeichnungen und Chloe für ihre Hilfe beim Umgang mit dem Computer.

INHALT

VORWORT

Das Buch ist als praktischer Ratgeber vor allem viel beschäftigten Menschen zugedacht. Es wurde während meiner Beratungstätigkeit in Sachen Trennkost entwickelt und es ist für mich das wichtigste und aufregendste Projekt, das ich je in Angriff genommen habe. Ich konnte feststellen, dass jeder zehnte, der die Hay'sche Trennkost praktiziert, damit geradezu spektakuläre Erfolge erzielt. Der Inhalt dieses Buches baut auf dem auf, was ich aus den Erfahrungen vieler Menschen gelernt habe.

Wenn Sie jemals den Versuch unternommen haben, die Hay'sche Trennkost für sich anzuwenden, wissen Sie, dass es ein paar Grundregeln gibt, die sich manchmal gar nicht so leicht in die Praxis umsetzen lassen. Die Trennkost verlangt einem bei aller Einfachheit und Schlüssigkeit doch viel Einsicht, Verständnis und auch Verantwortung ab. Doch ich habe versucht, Ihnen bei der Lösung der auftretenden Probleme zu helfen, und der Erfolg wird Ihnen sicher Mut machen. Alles ist so einfach wie möglich beschrieben, alle Mahlzeiten, bis zu den Mitnehmbroten und Lunchpaketen, sind genau ausgearbeitet und zusammengestellt. Wählen Sie sich etwas aus der Liste der Mahlzeiten und Snacks oder aus den Menüs am Ende des Buches aus.

Hier handelt es sich nicht einfach um *noch* ein Buch zur Hay'schen Trennkost. Es ist vielmehr ein hochwirksames Therapieprogramm, das Ihnen die Augen öffnen soll für all die Dinge, die Sie selbst für Ihre Heilung tun können.

Als ich mit der Trennkost anfing, musste ich feststellen, dass fast alle Teilnehmer meiner Kurse an einer medizinisch nicht genau abgeklärten Krankheit litten. Neun von zehn hatten zu niedrige Blutzuckerwerte und bei mindestens zwanzig Prozent lag Candida vor; doch die meisten hatten keine Ahnung, warum sie sich nicht wohl fühlten.

ABSINKEN DES BLUTZUCKERS (HYPOGLYKÄMIE)

Hier handelt es sich um ein umstrittenes und häufig missverstandenes Leiden. Die wenigsten wissen, wie weit es verbreitet ist und welche Folgen dieser Zustand haben kann, wenn er unbehandelt bleibt. Und kaum jemand ahnt, wie leicht man ihn in den Griff bekommen kann. Zum Erstaunen vieler nicht mit Hilfe von Zucker.

CANDIDA

Diese sehr verbreitete und den Körper schwächende Sprosspilzinfektion (vor allem *Candida albicans,* der Soorpilz) hat mit dem einschneidenden Wandel in der Ernährung und den Lebensgewohnheiten zu tun, den wir im zwanzigsten Jahrhundert erfahren haben. Die Liste der psychischen und körperlichen Symptome dieser Krankheit ist beinahe endlos. Tests und Untersuchungen fallen oft negativ aus und scheinen keine Hilfe zu bringen; dabei lässt sich Candida durchaus erfolgreich behandeln.

LEBENSMITTEL-UNVERTRÄGLICHKEIT

Wenn man bestimmte Nahrungsmittel nicht verträgt, kann dies die Ursache für eine unerklärliche Müdigkeit und die verschiedensten chronischen Krankheiten sein; oft sind ganz alltägliche Nahrungsmittel Auslöser von vielerlei Beschwerden. Auch dieses Leiden ist sehr verbreitet und wird nur selten erkannt. Die Hay'sche Trennkost macht Sie mit den wichtigsten Übeltätern bekannt; oft schon jahrelang andauernde Beschwerden lassen sich in relativ kurzer Zeit lindern.

Wenn Sie sich also nicht besonders wohl fühlen, kann Ihnen dieses Buch dabei helfen, den ersten entscheidenden Schritt zur Gesundung zu tun, indem Sie Ihre Ernährungsweise ändern. Damit gehen Sie das Problem auf eine besonders interessante und durchaus positive Weise an, die auch auf ihre psychische Befindlichkeit wohltuend wirkt.

Einführung in die Trennkost
nach Hay

Die Hay'sche Trennkost ist nach Dr. William Howard Hay (1866–1940), einem amerikanischen Arzt, benannt, der mit vierzig nach einem vollständigen körperlichen Zusammenbruch seine Praxis aufgeben musste. Als er über 100 Kilogramm wog, hatte er so sehr unter Herzbeschwerden, hohem Blutdruck und einer schweren Nierenkrankheit zu leiden, dass er praktisch am Ende war. In seiner Verzweiflung wandte er sich der Naturheilkunde zu, die damals in Amerika noch in den Kinderschuhen steckte.

Jeder Naturheilkundige aber weiß, dass unser Körper uns zu Hilfe kommt und all seine Selbstheilungskräfte einsetzt, wenn wir ihm die entsprechenden Bedingungen schaffen. Wir brauchen ihm für seine Aufgabe nur das Rohmaterial zur Verfügung zu stellen und dürfen ihm nicht dazwischenpfuschen. Dieses Material aber besteht aus naturbelassenen Nahrungsmitteln, darunter viel frisches Obst und Gemüse; eine solche Ernährung macht den Körper frei, damit er all seine Energie auf die Bekämpfung der Krankheit richten kann. Denaturierte Produkte wie Fabrikzucker und weißes Mehl aber behindern jeden Heilungsprozess.

Also ernährte sich Dr. Hay von nun an »fundamental«, das heißt, er aß vorwiegend frisches Obst und Gemüse, vollwertige Getreideprodukte, frisches Fleisch und Fisch. Innerhalb von drei Monaten war er gesund und bereitete damit den ihn behandelnden Ärzten kein geringes Kopfzerbrechen. Er hatte in dieser Zeit 18 Kilogramm abgenommen und konnte nach Ablauf eines Jahres seine normale Arbeit wieder aufnehmen.

DAS SIND DIE REGELN

**WAS HAT MIR DIE HAY'SCHE TRENNKOST
ZU BIETEN?**

- Sie vermindert den Stress
- Sie macht Ihren Tag länger und reicher
- Trennkost erhöht die Leistungsfähigkeit und ermöglicht mehr geistige Aktivität
- Sie macht die Haut reiner und das Haar schöner
- Sie stärkt die Abwehrkräfte: Erkältungen und Viruserkrankungen sind von kurzer Dauer oder lassen sich gänzlich vermeiden
- Sportler und Leute, die körperlich arbeiten, stellen fest, dass ihre Vitalität und Leistungsfähigkeit erhöht sind
- Chronische Schmerzen können, vor allem bei Arthritis, manchmal beträchtlich erleichtert werden
- Trennkost unterstützt die medizinische Behandlung und auch alternative Therapien wie Homöopathie. Man kann sie vor einer Operation praktizieren und wird verwundert feststellen, wie sehr sie einem die Wartezeit erleichtert
- Nach Krankheit, Operation oder Verletzung kommt es zu schnellerer Genesung
- Sie verspricht längeres, aktiveres Leben, vertreibt die Angst vor schwerer Krankheit
- Diejenigen, die Krebs gehabt haben, kommen dank einer Ernährung mit gesunden, natürlichen Lebensmitteln schneller wieder zu Kräften und zum Seelenfrieden

In den folgenden 26 Jahren behandelte er seine Patienten nach dieser erfolgreichen Methode. Aus der ganzen Welt kamen sie zu ihm; viele, denen er helfen konnte, hatten vorher als hoffnungslose Fälle gegolten. Er genoss ein erfülltes, arbeitsreiches Leben, hatte keinerlei Schmerzen und Beschwerden und starb im Alter von 74 Jahren an den Folgen eines tragischen Unfalls.

Unsere Ernährung ist seit den dreißiger Jahren, da Dr. Hay seinen Bestseller *A New Health Era* schrieb, noch viel ungesünder geworden. Damals waren die Nahrungsmittel weniger denaturiert und man hatte es leichter, Hays Ernährungsvorschläge anzuwenden. Doch wenn man ein wenig Mühe und Phantasie investiert, kann man sich auch heute ohne größere Schwierigkeiten daran halten.

DIE HAY'SCHE TRENNKOST

»Nichts mischen, das sich nicht verträgt!«

Die Idee von der richtigen Kombination der Nahrungsmittel hat Dr. Hay nach seiner Genesung für sich übernommen und mit großem Erfolg bei seinen Patienten angewendet. Kohlenhydratbetonte Nahrungsmittel wie Brot und Kartoffeln werden nicht bei ein- und derselben Mahlzeit mit eiweißbetonten Produkten wie Fleisch oder Käse kombiniert; man isst sie vielmehr zu verschiedenen Tageszeiten, denn sie stellen unterschiedliche Anforderungen an das Verdauungssystem. Dieses Trennen von eiweiß- und kohlenhydratbetonten Speisen während derselben Mahlzeit ist der erste Schritt bei dieser Ernährungsform und es beschert oft schon nach kurzer Zeit erstaunliche Erfolge.

Die Hay'sche Trennkost ist eine energiereiche Ernährungsform, die einem soviel Vitalität und Antrieb bringt, wie man für ein arbeitsreiches Leben braucht. Sie ist eine Frischkostdiät, wie man sie für viel Geld in Schönheitsfarmen und Rekreationszentren zur Reinigung und Entschlackung anbietet. Und sicher ist sie die Ernährungsform der Zukunft.

Mit Würde alt werden – warum nicht?

Bei einer Zusammenkunft von Trennkost-Freunden traf ich vor einiger Zeit mehrere ältere Anhänger dieser Kostform; sie sind lebende Beweise für die Wirkung der Diät, zeigten sich fit und umtriebig und die meisten waren zehn oder fünfzehn Jahre älter, als man sie nach ihrem Aussehen und Auftreten geschätzt hätte. Doris Grant, die Koautorin von *Food Combining for Health,* hält sich inzwischen 60 Jahre an die Regeln der Trennkost; mit 91 hat sie noch ein neues Buch geschrieben.

WARUM SOLL MAN LEIDEN?

Viele Menschen brauchten gar nicht Opfer einer Krankheit zu werden. Wenn Sie zu der großen Zahl von Menschen gehören, deren Gesundheit seit Jahren beeinträchtigt ist, ohne dass man der Ursache auf den Grund gekommen ist, so sollten Sie einmal Ihre Ernährung überdenken. Die Hay'sche Trennkost bringt oft Erleichterung bei gesundheitlichen Problemen, die über lange Zeit bestehen und in Fällen, bei denen bis jetzt kein Mittel wirklich helfen konnte. Dabei lässt sich bei den meisten Beschwerden eine wesentliche Besserung erreichen.

BEI FOLGENDEN BESCHWERDEN KANN DIE DIÄT HELFEN

Verdauungsstörungen	und Rückenmarksentzün-
Magengeschwüre	dung)
Darmirritationen	Ekzeme
Colitis (Schleimhautentzün-	Asthma
dung des Dickdarms)	Arthritis
Chronische Müdigkeit	Migräne
Encephalomyelitis (Gehirn-	Candida

Falls Sie die Krankheit, an der Sie leiden, in dieser Aufzählung nicht finden, so denken Sie daran, dass durch Trennkost bei den verschiedensten Störungen die normalen Funktionen wiederhergestellt werden, denn sie aktiviert die natürlichen Selbstheilungsmechanismen. Wenn wir unseren Körper dabei verständnisvoll unterstützen, setzt er alsbald seine großartigen Fähigkeiten ein und es kommt zum Heilungsprozess. Die Wirkung dieser starken Medizin ist lang anhaltend, die Besserung erfolgt kontinuierlich.

DIE HAY'SCHE TRENNKOST IST NICHT UNUMSTRITTEN

Noch immer kennen wir nur die Grundlagen unserer Ernährung, viele Aspekte können wir bis heute nicht erklären. Doch für die positive Wirkung der Hay'schen Trennkost gibt es zahllose lebende Beweise und das ist es, was wirklich zählt. Der wissenschaftliche Nachweis ist für ein so sicheres und einfaches Heilmittel sicher nicht unbedingt erforderlich, doch Sie brauchen sich nicht zu wundern, wenn Ihr Arzt die Methode nicht wirklich ernst nimmt – sie leuchtet dem Gehirn des Wissenschaftlers nicht ohne weiteres ein. Auch Diätfachleute haben eine wissenschaftliche Ausbildung, deshalb reagieren die meisten von ihnen auf ähnliche Weise. Doch die Meinungen derer, die seit langem die Trennkost erprobt haben, sprechen für sich.

Erfahrungen mit Trennkost

Ohne denaturierte Nahrungsmittel fühle ich mich so viel frischer, leichter; ich möchte nie mehr zu meiner früheren Art der Ernährung zurückkehren. Ich genieße das viele Gemüse und brauche nicht unbedingt Kartoffeln zum Mittagessen.

Von Anfang an habe ich mich besser gefühlt. Ich bin jetzt viel vitaler, wache früher auf. Mein Mann meinte, ich würde nie mit dieser Diät zurechtkommen, weil ich ständig esse. Doch ich habe in den letzten drei Wochen fast unmerklich und ohne Mühe fünf Pfund abgenommen.

Nie habe ich mich besser gefühlt. Ich fühle mich wie mit 18 Jahren und ich kann jetzt meinen Lkw fahren, ohne ständig zu halten und etwas zu essen. Das Abladen ist das Schwerste an meinem Job, aber selbst das fällt mir nun viel leichter.

Das ist wirklich nicht irgendeine Diät, das Sodbrennen hat sich gebessert, und meine arthritischen Knie tun mir nicht mehr so weh.

EKZEME UND ASTHMA

»Du machst doch nicht *immer noch* diese Diät, oder?«

»Es ist eigentlich gar keine Diät, es ist meine neue Art zu leben.«

Innerhalb von drei Monaten hat Sandra 13 Pfund abgenommen. Sie keucht nicht mehr und braucht keinen Inhalator; auch das Ekzem ist allmählich abgeklungen. Aber das ist noch nicht alles: Sie ist jetzt viel glücklicher und munterer, freut sich des Lebens – warum auch nicht.

ENDLICH OHNE AKNE

Jonathan hat sich lange Zeit von Studentenkost, also minderwertiger Nahrung, ernährt und sein Gesicht war übersät mit eitrigen Pickeln. Mit der Hay'schen Trennkost hat er sich redlich abgemüht und zu seiner größten Überraschung sind alle Pickel innerhalb von vier Wochen abgeheilt. Und auch die glatten roten Flecken verschwanden allmählich, ohne irgendwelche Spuren zu hinterlassen.

KEINE SCHMERZEN MEHR

30 Jahre lang hatte George ein Zwölffingerdarmgeschwür und musste während der letzten 14 Jahre ein teures Medikament gegen die Schmerzen einnehmen. Er war ganz verrückt auf Süßes, naschte den ganzen Tag Bonbons und Schokoladenkekse und stand sogar nachts auf, um etwas zu essen. Seit er alle zwei Stunden etwas isst und sich an die Hay'sche Trennkost hält, haben die Schmerzen nachgelassen, auch die Blähungen sind zurückgegangen. Schon nach einer Woche hat er in der Bauchgegend abgenommen. Seine Frau Anne meint dazu:

»Seit fünf Wochen sind die stechenden Bauchschmerzen verschwunden und das ist ein Rekord. Sonst hatte er ständig Schmerzen und das war einfach furchtbar. Er hat seitdem noch keine einzige Tablette gebraucht, jede Nacht schläft er mindestens sechs Stunden durch und das ist seit 16 Jahren nicht mehr vorgekommen. Innerhalb von vier Wochen nahm er fast 13 Pfund ab, ohne dass er hungert, außerdem steckt er jetzt voller Energie.«

George hat inzwischen herausgefunden, dass ihm Wurzelgemüse nicht gut tut. Schmerzen von Magengeschwüren werden oft durch ganz bestimmte Nahrungsmittel ausgelöst.

LEBEN NACH DEM KREBS

Mit ihren 77 hatte Amelia schwer zu kämpfen, um sich von einer Darmkrebsoperation zu erholen, die ein halbes Jahr zurücklag. Sie kam nicht gegen ihre Angst an, selbst der kleinste Schmerz versetzte sie in Panik. Die wenigen Schritte zum Einkaufen konnte sie kaum gehen und hatte oft das Gefühl, es gehe mit ihr zu Ende. Dann erlebte sie, wie sich bei ihrer Freundin die Verzweiflung über starke arthritische Schmerzen allmählich in Hoffnung wandelten, nachdem diese Frau die Trennkost für sich entdeckt hatte. Amelia wollte es genauer wissen. Sie las Dr. Hays Buch und war fasziniert.

Sie stellte ihre Ernährung sofort um und konnte drei Wochen später schon wieder stundenlang im Garten arbeiten. Von einer Wintererkältung erholte sie sich innerhalb eines Tages und fühlt sich jetzt tausendmal besser. Angst hat sie auch nicht mehr und hofft auf noch viele schöne, aktive Jahre. »Mein Leben hat sich völlig verändert; von Anfang an habe ich mich besser gefühlt und erlebe das Ganze nun wie ein Abenteuer.«

(In dem Buch *Food Combining for Life* von Doris Grant finden sich noch viel mehr bemerkenswerte Erfolgsgeschichten und Sie entdecken darin vielleicht auch einen Fall, der Ihrem eigenen gleicht.)

SO SIEHT GESUNDHEIT AUS

Haben Sie das auch schon entdeckt?

Schicke Figur

Klare Haut

Glänzendes Haar

Gesunder Schlaf,
  früh aufwachen

Kraft und Vitalität

Beschwerdefreier Körper

Klarer Kopf

Konzentrationsfähigkeit

Gutes Gedächtnis

Optimistische Einstellung

Emotionale Stabilität

Lust zu lächeln

Wenn Sie das Glück haben, all das täglich zu erleben, kann Ihnen die Hay'sche Trennkost dazu verhelfen, dass es immer so bleibt. Falls Sie schon ein bisschen erschlafft sind, werden Sie sich wundern, wie schnell Sie wieder aufblühen. Und wenn Sie bereits ganz vergessen haben, wie man sich richtig wohl fühlt, brauchen Sie ein wenig Geduld und viel Energie für eine neue Art der Ernährung; Sie werden sich damit das Leben beträchtlich erleichtern. Dr. Hay hat erkannt, dass wir nicht gesund werden können, wenn wir nicht lernen, selbst für unsere Gesundheit zu sorgen.

Damit der Blutzuckerspiegel stimmt

Die meisten von uns spüren, wenn der Blutzucker unter den Normalwert absinkt. Man kennt das Gefühl: Die Konzentration lässt nach, man wird müde und reizbar und muss irgendetwas zu sich nehmen. Wenn man gesund ist und die Körperchemie stimmt, passiert das nur, wenn man lange nichts gegessen hat oder eine Mahlzeit ausfallen ließ. Doch angesichts der heutigen Ernährung mit vorwiegend raffinierten und künstlich haltbar gemachten Produkten kommt es immer häufiger vor und wir werden immer abhängiger von regelmäßigem Tee- oder Kaffeegenuss oder brauchen zwischendurch ein paar Kekse, um gut durch den Tag zu kommen. Die wenigsten Leute wissen, dass Zucker und andere Stimulantien, die wir zwischendurch brauchen, auch die Müdigkeit bewirken, die danach kommt.

Hypoglykämie oder das Absinken des Blutzuckers unter den Normalwert hat als erster der amerikanische Allgemeinarzt Dr. Seale Harris im Jahr 1924 diagnostiziert, kurz nachdem man das Insulin entdeckt hatte. Er stellte fest, dass nicht nur seine Diabetes-Patienten unter solchen »Hypo«-Anfällen zu leiden hatten. Sie traten auch bei Leuten auf, die keine Diabetiker waren. Doch bis heute wird die Behandlung der alltäglich auftretenden Hypoglykämie vernachlässigt. Viele Ärzte sind, wie die meisten anderen Menschen auch, der Meinung, dass Zucker das richtige Mittel dagegen sei. Nach meinen Erfahrungen sehen nur wenige medizinische Praktiker die große Bedeutung dieses Problems.

Viele von uns aber sind der Meinung, dass es sich mit Hilfe der Hay'schen Trennkost vollständig lösen lässt. Durch sie wird der Blutzuckerspiegel automatisch stabilisiert, denn sie besteht aus natürlichen Nahrungsmitteln, die in sich vollwertig und ausgewogen sind. Sie aber bewirken die nötige Energiezufuhr und damit Wohlbefinden.

Manche meinen, dass sie weitere Hilfe brauchen:
    »Diät deprimiert mich und macht mich krank.«
    »Bei mir schlagen Diäten nicht an. Ich habe alles ausprobiert und nie abgenommen.«
    »Auf Zucker kann ich einfach nicht verzichten, ich bin geradezu süchtig danach … eine Art Schokoholic.«
    »Ich fühle mich müde und deprimiert und brauche dann das Essen zum Wohlfühlen.«

Eine Diät kann schwierig oder sogar unmöglich durchzuhalten sein, wenn man nichts vom Blutzucker weiß, und die wenigsten sind darüber informiert.

Natürlich brauchen wir Zucker für mehr Energie – ist doch klar, oder?
    So will es uns die Werbung glauben machen, doch über die Wirkung von Zucker wissen wir viel zu wenig. Menschen, die immer müde sind, nehmen vielleicht mehr Zucker und andere Stimulantien zu sich als andere, um so ihren Körper in Gang halten, doch tatsächlich vergrößern sie damit ihr Problem.

Nachfolgend die schlimmsten Übeltäter:
• Zucker
• Alles, was zuckerhaltig ist: Kekse, Eis, Kuchen, Schokolade, süße Desserts
• Weißbrot und weißes Mehl

- Koffein in Kaffee und Tee; süße Getränke, vor allem Cola
- Konzentrierte Fruchtsäfte (besser verdünnen!)
- Tabak und Alkohol

Wenn man von diesen Nahrungs- und Genussmitteln zu viel zu sich nimmt, belastet man Leber, Bauchspeicheldrüse und Nebenniere und der Blutzuckerspiegel kommt aus dem Lot. Auf Zucker und die genannten Stimulantien sollte man verzichten, um das System erst einmal zur Ruhe kommen zu lassen. Sie werden staunen, welche Erleichterung das Ihrem Körper bringt.

Doch Vorsicht!

Wenn Sie viel Tee, Kaffee oder Cola trinken und reichlich Zucker und zuckerhaltige Speisen zu sich nehmen, sollten sie all das nur ganz allmählich reduzieren, damit es nicht zu Entzugserscheinungen kommt. Kopfschmerzen, Bauchweh, Unwohlsein, Müdigkeit und Benommenheit können auftreten. Und wenn Sie irgendetwas aus Ihrem Speiseplan streichen, sollten Sie dafür etwas anderes, Natürliches essen, das Ihnen auch schmeckt.

Manche Menschen werden geradezu abhängig vom Zucker. Wenn das bei Ihnen der Fall ist und Sie Ihre Ernährung zu schnell umstellen, könnten Sie sich bald schwach und unwohl fühlen; doch diese Phase geht schnell wieder vorbei. Essen Sie alle zwei Stunden etwas und achten Sie darauf, dass Ihre Ernährung viele hochwertige Kohlenhydrate, vor allem Vollwertgetreide, enthält.

WIE LANGE HÄLT MAN ES OHNE NAHRUNG AUS?

Das Absinken des Blutzuckers ist heutzutage so verbreitet, dass die wenigsten, die Trennkost praktizieren, es ohne einen Imbiss zwischen den Mahlzeiten aushalten.

Neutraler Snack:
- Avocado, Avocadocreme
- Ein paar Nüsse oder Samen mit einer rohen Möhre oder einer Stange Sellerie
- Ein Salat nach eigenem Geschmack

Sonstige Snacks:
- Ein Glas Milch
- Saures Obst, wenn der Hunger kurz vor oder nach einer Eiweißmahlzeit kommt
- Süßes Obst kurz vor oder nach einer Kohlenhydratmahlzeit; die Frucht sollte aber nicht zu reif und süß sein

Erstaunlich viele Menschen leiden unter dem »Zucker-Blues«. Ein niedriger Blutzuckerspiegel frisst Energie und betäubt den Geist. Wenn der Blutzuckerspiegel ständig unten ist, wir immer »hypo« sind, verlieren wir Antriebskraft und Engagement, leiden unter Langeweile, kommen aus dem Tritt und sind unzufrieden mit dem Leben. Wir verlieren die Richtung und bewegen uns in ausgefahrenen Gleisen. Wir werden zögerlicher und die praktischen Seiten des Lebens werden uns zum Problem; alles scheint schief zu gehen. Es fällt uns zunehmend schwerer, etwas zu erledigen, wir ärgern uns über die alltäglichen Aufgaben. Ein niedriger Blutzuckerspiegel nimmt uns das Selbstvertrauen und zerstört schließlich die Selbstachtung.

Dieser Zustand ist heutzutage so verbreitet, dass wir ihn fast schon als unabänderliches Los auf uns nehmen. Vielleicht sind

ZUCKER-BLUES?

Sind Sie oder Ihr Kind ...
Angespannt, nervös, unsicher?
Ziellos, apathisch, gelangweilt?

Sind Sie ...
Vergesslich und unentschlossen?
Müde und ohne Energie?
Launisch, unglücklich, auf unerklärliche Weise gestresst?
Empfindlich und leicht zu verletzen?
Können sich nur schwer konzentrieren?

Leben Sie wie in einer Tretmühle?
Finden Sie das Leben schwer, trübe und einförmig?
Gibt es für Sie nur Arbeit und kein Spiel?

All das sind erste Warnzeichen für Hypoglykämie

die Symptome gar nicht so auffallend und doch ist ihre Wirkung auf das Lebensgefühl verheerend. Doch selbst in diesem Stadium kann eine Änderung der Ernährung erfolgreich sein. Viele erleben dabei innerhalb kürzester Zeit, manchmal schon nach wenigen Tagen, die Rückkehr von Energie und Lebensfreude.

SO SIEHT EIN »HYPO«-ANFALL AUS

Das Gefühl der Schwäche!
Der Blutzuckerspiegel fällt rapide ab
Plötzliches starkes Hungergefühl
Schwindel im Kopf
Konzentrationsschwierigkeit, verschwommenes Sehen
Plötzliche Müdigkeit

Wenn's noch schlimmer kommt
Übelkeit
Schweißausbruch, Schüttelfrost, Panik
Herzrasen

**Nach solchen Anfällen sind Sie stundenlang
müde und ausgelaugt**

SIE SOLLTEN LERNEN, SIE ZU VERMEIDEN

Zucker ist bestimmt nicht das richtige Mittel dagegen, Traubenzucker auch nicht

Beides putscht natürlich auf, doch schon bald geht es auch wieder bergab und wir keuchen nach einem weiteren »Schuss«. Die Menschen sind nun einmal nicht dazu geschaffen, mit purem Zucker zu leben, wenn dieser nicht mehr Teil einer Pflanze ist. Die Dosis ist dann zu stark, zu konzentriert, ungefähr so, als wenn man ein Auto ständig mit gezogenem Choke fährt. Der Zucker fließt zu schnell ins System, verursacht einen Kurzschluss der normalen Körperfunktionen und bewirkt einen Höhenflug des Blutzuckerspiegels. Und dann wird alles weitere ausgelöst:

Die Bauchspeicheldrüse sieht sich genötigt, außergewöhnlich viel Insulin zu erzeugen, damit der Blutzucker so schnell wie möglich gesenkt wird, eine Panikreaktion, um die Gefahr eines Komas zu verhindern. Wenn Sie öfter unter solchen Anfällen zu leiden haben, können Sie das genau beobachten. Nicht selten kommt es in dieser Situation zu Blackouts und Schwächeanfällen.

Beim Verzehr von natürlichen, vollwertigen Nahrungsmitteln aber gelangt der Zucker nur ganz allmählich und gleichmäßig in die Blutbahn; dadurch bleiben wir geistig und physisch im Gleichmaß. Echte Lebensmittel sind unsere natürlichen Energielieferanten; nur mit ihrer Hilfe können wir wirksam funktionieren.

- Traubenzucker ist noch weiter raffiniert als Zucker, geht also noch schneller ins Blut
- Aufputschmittel wie Kaffee, Tabak und Alkohol haben ähnlich durchschlagende Wirkungen

ICH ESSE ABER GAR KEINEN ZUCKER!

Natürlich sind es die versteckten Zucker in Kuchen, Keksen, Schokolade, Eis und vor allem in süßen Getränken, die all diese Probleme auslösen.

MACHEN SIE GERADE EINE FASTENKUR?

Manchmal erlebt man die Symptome einer Hypoglykämie und solche »Hypo«-Anfälle erstmals während einer Fastendiät gegen Lebensmittelallergie oder Candida (siehe Seite 39 ff.), also zu einer Zeit, da man weder Zucker noch gesüßte Nahrungsmittel oder irgendwelche anderen Aufputschmittel zu sich nimmt. Die meisten wissen dann gar nicht, was für Zustände das sind und wodurch sie ausgelöst werden. Die Ursache ist meist in der Tatsache zu suchen, dass sie zu viel konzentrierte Kohlenhydratprodukte wie Vollkorngetreide zu sich nehmen und nicht darauf achten, wie viel komplexe Kohlenhydrate ihr Körper eigentlich braucht, um den Blutzuckerspiegel im Gleichmaß zu halten.

CHRONISCHE HYPOGLYKÄMIE

Sie ist für viele Menschen zu einem gravierenden, die Lebensqualität schwer beeinträchtigenden Problem geworden. Leute, die schon lange der Meinung sind, dass ihr Blutzuckerspiegel zu niedrig ist, hören nach einer ärztlichen Untersuchung höchst erstaunt von negativen Ergebnissen der entsprechenden Tests; Arzt und Patient glauben nun, das Problem müsse anderswo liegen. Doch ein einzelner Test kann in diesem Fall noch nicht sehr aussagekräftig sein. Vielmehr ist ein sechs Stunden dauernder Glukose-Toleranztest erforderlich, um eine Hypoglykämie sicher zu diagnostizieren. Lässt man aber Zucker und Aufputschmittel einfach weg, ist das Ergebnis meist so überzeugend, dass man auf den aufwändigen Test verzichten kann.

Nicht alles ist seelisch bedingt

Chronische Hypoglykämie kann der Grund für ernsthafte seelische und körperliche Leiden sein, lassen Sie sich also nicht gleich als neurotisch abstempeln. Selbst Menschen, die etwas über niedrigen Blutzucker wissen, erkennen oft nicht, dass hier ihr eigentliches Problem liegt. Mir ist es genauso ergangen. Patienten mit schmerzhafter Enzephalomyelitis und chronischer Müdigkeit können davon besonders schwer betroffen sein. Bücher über Hypoglykämie, die Sie in Fachbuchhandlungen oder

Bibliotheken erhalten, können zu mehr Aufklärung verhelfen. Manche Leser werden sich wundern, was sie da zu hören bekommen.

Die Wurzel des Problems

Bei niedrigem Blutzuckerspiegel ist auch die Sauerstoffversorgung des Körpers, des Gehirns und des Nervensystems beeinträchtigt. Glukose und Sauerstoff werden gemeinsam in den Körperzellen verbrannt, um Energie zu erzeugen; wenn es aber einen Mangel an Glukose gibt, besteht zugleich auch Sauerstoffmangel. Das ist der Grund, warum so viele unangenehme Symptome das Ergebnis dieser Mangelerscheinung sind (siehe den Kasten auf Seite 34).

Behandlung ist möglich

Bei vielen Menschen gehen sogar ernste Symptome zurück, sobald sie Zucker und Aufputschmittel von ihrem Speiseplan verbannt haben und natürliche Nahrungsmittel zu sich nehmen; das gilt vor allem für junge Leute, deren Ernährung bis dahin recht mangelhaft war.
• Halten Sie sich an die Hay'sche Trennkost
• Essen Sie eine Kleinigkeit zwischen den Mahlzeiten
• Trennen Sie kohlenhydratbetonte Nahrungsmittel von eiweißbetonten Speisen während derselben Mahlzeit. Sie können aber den zeitlichen Abstand zwischen Eiweißmahlzeit und Kohlenhydratmahlzeit verkürzen.

Der Blutzuckerspiegel sinkt über Nacht stark ab
• Ein kleiner Kohlenhydrat-Imbiss vor dem Schlafengehen sorgt für mehr Entspannung und guten Schlaf
• Wenn Sie nachts aufwachen, hilft ein kleiner Kohlenhydrat-

CHRONISCHE HYPOGLYKÄMIE
KANN FOLGENDE SYMPTOME HABEN

Ständiges Hungergefühl
Kopfschmerzen
Reizbarkeit
Stimmungsschwankungen
Herzklopfen
Schlafprobleme
Heiße oder kalte Schweiß-
    ausbrüche
Nächtliche Schweißausbrü-
    che
Aggression
Kalte Hände und Füße
Krämpfe
Muskelschwäche
Appetitlosigkeit
Mangelnder sexueller
    Antrieb
Ständige Müdigkeit

Nervöse Spannung
Mangelnde Konzen-
    trationsfähigkeit
Vergesslichkeit
Schwindel
Geistige Müdigkeit
Depression
Ängste, Panikzustände
Alpträume
Schläfrigkeit
Ohnmachtsanfälle,
    Blackouts
Ständige Unruhe
Geistige Verwirrung
Essprobleme
Anhaltende
    Gewichtsprobleme

**Medizinische Untersuchungen und Tests
bringen selten die Ursachen ans Licht**

Snack beim Wiedereinschlafen. Sie sollen ja morgens gestärkt und ausgeruht aufwachen.
- Ein kräftiges Frühstück mit Kohlenhydraten bringt Sie in
  Schwung, falls Sie müde aufgewacht sind, und erfrischt Sie
  für den ganzen Vormittag. Haferbrei ist günstig.

Moderne Behandlung von chronischer Hypoglykämie

Eine Ernährung, die reichlich komplexe Kohlenhydrate enthält, sorgt für Besserung und kann das Ungleichgewicht dauerhaft korrigieren. Ich selbst habe das ebenso erlebt wie viele andere auch.

Komplexe Kohlenhydrate sind ein wichtiger Teil der natürlichen ·
vollwertigen Ernährung:
- Pellkartoffeln, frische Gemüse
- Vollkornprodukte wie Naturreis, Haferflocken, Hirse, Vollkornbrot, Vollkornnudeln
- Erbsen, Bohnen und Linsen (in Maßen)

Ernährung mit natürlichen, vollwertigen Kohlenhydraten und wenig tierischem Eiweiß
Eine solche Ernährungsweise empfiehlt auch Dr. Paavo Airola in seinem Buch über Hypoglykämie. Sie lässt sich gut für Vegetarier abändern.

STÄRKENDE NAHRUNGSMITTEL-KOMBINATIONEN

Kombinationen von vegetarischer Kost mit vollwertigem Eiweiß erweisen sich bei Hypoglykämie ebenfalls als hilfreich. Sie finden sie in der Tabelle auf Seite 120.

WAS IST MIT EIWEISSBETONTEN KOSTFORMEN?

Ursprünglich verordnete man gegen Hypoglykämie eine Kost mit viel Eiweiß und wenig Kohlenhydraten; obwohl man damit die Symptome in den Griff bekommt, ist sie vom Standpunkt einer ausgewogenen Ernährung aus eher ungesund und führt auf Dauer zu weiteren Problemen wie degenerativen Krankheiten.

VERZICHTEN SIE AUF ALLZU SÜSSE FRÜCHTE

Bananen, Trockenobst, süße Birnen und süße Trauben können, wenn Sie empfindlich sind, ebenfalls Blutzuckerschwankungen auslösen. Festere, noch nicht ganz reife Früchte aber werden Ihnen, in Maßen genossen, kaum schaden.

Kleine Portionen, aber öfter essen

Manche Menschen, die schon lange zu leiden haben, spüren zwar eine gewisse Erleichterung, wenn sie auf Zucker und Aufputschmittel verzichten, werden aber immer noch von Hypo-Anfällen geplagt und fühlen sich weiterhin unwohl. Die Verdauung normaler Mahlzeiten kann für sehr geschwächte Patienten zu anstrengend sein; sie sollten es mit kleineren Portionen, also mit Mini-Mahlzeiten, versuchen und etwa alle zwei, drei Stunden etwas essen. Ich halte es jedenfalls so und ich spüre, dass ich mich jetzt besser konzentrieren und mehr arbeiten kann. Nachfolgend ein paar Vorschläge für den Anfang:

Menschen mit schwerer chronischer Hypoglykämie sind wie eine Batterie, die ständig leer ist; gerade sie müssen öfter kleine Happen essen. Schon Dr. Hay hat darauf hingewiesen, dass der Körper sehr sparsam mit seinen Ressourcen umgeht. Denken Sie daran, denn das hilft Ihnen sicher. Hören Sie genau auf Ihren Körper, denn jedes Zuviel an Nahrungsmitteln macht Sie müde. Sie werden staunen, wie viel mehr Energie Ihnen zu Gebote steht, wenn Sie Ihre Essgewohnheiten entsprechend umstellen.

MINI-MAHLZEITEN

KOHLENHYDRATBETONTE SNACKS	EIWEISSBETONTE SNACKS
Haferbrei	Eiersalat
Vollkornknäckebrot	Nicht pasteurisierter
Vollkornbrötchen	Joghurt
oder -baguette	Kaltes Fleisch und Salat
Pellkartoffeln	Selleriestangen und Käse
Herzhafte Gemüsesuppe	Hühnerfleisch mit Salat
Maiskolben	Fisch und Salat

Essen Sie alle zwei bis drei Stunden etwas
Verteilen Sie die Mahlzeiten über den ganzen Tag
Essen Sie viel Salat zu den Mahlzeiten und zwischendurch
Weitere Vorschläge ab Seite 159

- Legen Sie die Zwischenmahlzeiten so, dass es nicht zu Hypo-Anfällen kommen kann. Vielleicht dauert es einige Zeit, bis Sie Ihre Müdigkeit überwunden haben.
- Sie brauchen je Eiweißmahlzeit zwei Kohlenhydratmahlzeiten. Ohne genügend Kohlenhydrate kann der Körper das Eiweiß nicht nutzen.
- Sowohl Eiweiß- wie Kohlenhydratmahlzeiten wirken säurebildend; vergessen Sie deshalb nicht, das Säure-Basen-Gleichgewicht durch reichlich Salat und Rohkost aufrechtzuerhalten. Auch Avocadocreme ist günstig.
- Trinken Sie unbedingt zwischen den Mahlzeiten. Sie finden eine Reihe natürlicher Getränke auf Seite 139.
- Sie werden kaum zunehmen, wenn Sie auf diese Weise essen;

häufige kleine Mahlzeiten können sogar zum Abnehmen
führen
• Wenn Sie sowieso schlank sind, sollten Sie auf Ihr Gewicht
achten und auch darauf, dass Sie genug essen

Mit fortschreitender Besserung können Sie die Abstände zwischen den Mahlzeiten vergrößern.

Auf dem Weg der Besserung

Auch andere Faktoren spielen bei schwerer chronischer Hypo-
glykämie noch eine Rolle:
• Plötzliche Unverträglichkeit von Lebensmitteln
• Störung des hormonellen Gleichgewichts
• Vitamin- und Mineralstoffmangel
• Mangel an essentiellen Fettsäuren
• Selten: ernste Erkrankungen wie Tumore der Bauchspeichel-
drüse

Die Versuchung einer Selbstbehandlung ist sicher groß, doch
wenn Sie sich richtig schlecht fühlen, sollten Sie einen Ernäh-
rungstherapeuten, einen Heilpraktiker oder einen Arzt um Rat
fragen, der auf Ernährungsfragen spezialisiert ist, damit zunächst die Ursachen geklärt werden. Bei jedem Patienten kann
ein anderes Problem zugrunde liegen und mit Hilfe eines Experten werden Sie schneller wieder gesund.

Dieses Kapitel kann nur eine erste Einführung in einen kom-
plexen und kontrovers diskutierten Fachbereich bieten; es soll
Ihnen die Folgen von zu niedrigem Blutzuckerspiegel aufzei-
gen. Ich möchte Ihnen damit helfen, ein Problem zu erkennen
und den ersten Schritt zur Besserung selbst zu tun, indem Sie
Ihre Ernährung umstellen.

Leiden Sie unter Candida?

Obwohl Candida seit etwa 1983 von Heilpraktikern und Ärzten mit ernährungswissenschaftlicher Ausbildung erkannt und diagnostiziert wird, sieht die Schulmedizin dieses Leiden nicht als Krankheit an. Es handelt sich bei diesem Leiden um einen natürlichen Befall des Körpers mit Sprosspilzen und es gibt bis heute noch keinen zuverlässigen Test. Die Diagnose basiert auf der jeweiligen Krankheitsgeschichte, auf Symptomen und auf der Reaktion des Patienten nach der Behandlung.

Harmlose Candida-Pilze leben auf der Haut und in jedermanns Darm. Solange man natürliche statt industriell hergestellte Nahrungsmittel zu sich nahm, verursachten sie kaum Probleme. Doch wenn man sie mit reichlich Zucker und Alkohol füttert, können sie außer Kontrolle geraten; eine unangenehme Pilzinfektion kann die Folge sein. Diese Pilze bilden Wurzeln aus, die die Auskleidung des Darms durchdringen, sodass Giftstoffe in die Blutbahn gelangen und das gesamte System beeinträchtigen; sie können verschiedene körperliche und psychische Krankheitssymptome hervorrufen.

Leute, die im Alltag viel Stress haben, besitzen oft nur wenig Widerstandskraft. Eine besonders kritische Situation ist dann bei solchen Menschen oft der letzte Auslöser. Candida wurde vor allem deshalb zum Problem, weil sie meist unbehandelt bleibt. Manch einer hat viele Jahre oder ein Leben lang darunter gelitten, selbst Kinder können befallen sein. Wenn Sie bei sich mehrere der Symptome feststellen, die im Kasten Seite 40 aufgelistet sind, könnten Sie durchaus unter Candida leiden.

Weitere Symptome sind:

- Unstillbare Lust auf Zucker, Brot, Hefe oder Alkohol
- Gasbildung in den Därmen
- Pilzinfektionen auf der Haut, an den Nägeln, zwischen den Zehen
- Empfindlichkeit gegen Parfüm und Tabakrauch

SO ÄUSSERT SICH CHRONISCHE CANDIDA

Katarrh	Kopfschmerzen
Belegte Zunge	Depression
Soor im Mund	Ausschläge, Nesselaus-
Wundheitsgefühl in der	schlag, Juckreiz
Kehle	Soor im Bereich der Vagina
Verdauungsstörungen,	Juckreiz an Anus und Vulva
Sodbrennen	Hitzewellen
Aufgeblähtsein, Aufstoßen	Müdigkeit, Frösteln
Blähungen	Prostatitis
Bauchweh	Keuchen
Darmprobleme	Reizbarkeit
Durchfall, Verstopfung	Prämenstruelle Spannung
Absonderung von	Schwindel
Schleim	Gelenkschmerzen, Schwel-
Chronische Grippe-	lungen
symptome	Brennende Füße, Brennen
Lebensmittelallergien	überall
Abwehrschwäche	Starke Vergesslichkeit
Flimmern vor den Augen	Tränende Augen

**Medizinische Routineuntersuchungen
bleiben meist ohne Ergebnis**

- Symptome, die sich bei Nässe oder Feuchtigkeit verschlimmern
- Wenn Alkohol Sie völlig umwirft, kann das ein Anzeichen für Candida sein

Nicht selten zeigen bereits junge Menschen mehrere dieser Symptome. Offenbar treten aber nicht alle auf einmal auf, sondern wechseln von Fall zu Fall. Wenn Sie sich also über längere Zeit unwohl fühlen, Ihnen die Ursache für diesen Zustand rätselhaft ist, wenn Sie Anzeichen wie bei einer Grippe oder sonstigen Infektion spüren, sollten Sie sich mehr Information über Candida beschaffen.

Die erste Diagnose ist wichtig

Candida beginnt im Allgemeinen im Darmbereich oder in der Vagina und manchmal scheint sie auf ein oder zwei Körpersysteme beschränkt zu sein. Das macht es schwierig, sie eindeutig zu erkennen, zumal die Liste der Symptome für chronische Candida lang und vielfältig ist. Doch sollten Sie Candida durchaus auch dann in Betracht ziehen, wenn Sie nur einige wenige Symptome haben, diese aber hartnäckig sind und nach medizinischer Behandlung nicht verschwinden. Durch sofortige Behandlung lassen sich spätere unangenehme Folgen vermeiden.

ANTI-CANDIDA-ERNÄHRUNG

VERZICHTEN AUF

Zucker	Alle vergorenen Speisen
Hefe	und Getränke
Brot	Pilze
Hefeaufstriche	Weintrauben
Weißes Mehl	Trockenfrüchte
Käse	Melone
Alle gesüßten	Erdnüsse
Nahrungsmittel	Alkohol

EINSCHRÄNKEN

Obst	Milch

In vielen Fällen trat innerhalb von ein bis vier Wochen eine Besserung ein, wenn sich die Patienten strikt an die Empfehlungen gehalten haben.

ES GEHT NUR MIT DIÄT.
MIT ANDEREN METHODEN ALLEIN IST CANDIDA NICHT ZU HEILEN.

Vielleicht haben Sie selbst schon herausgefunden, dass Ihnen die erwähnten Nahrungsmittel schlecht bekommen oder dass Sie viel zu viel davon essen. Die Candida-Erreger können nämlich das Verlangen nach bestimmten Nahrungsmitteln wecken.

WARUM AUF MANCHE NAHRUNGSMITTEL VERZICHTEN?

Mit der Anti-Candida-Diät sollen die Erreger ausgehungert werden.

Zucker und süße Speisen: weil Candida vom Zucker lebt.

Brot, Sauerteig, Hefe: weil Hefe selbst ein Pilz ist.

Pilze sind natürlich ebenfalls pilzliche Nahrungsmittel.

Weißes Mehl wird im Körper zu Zucker umgebaut.

Weintrauben, Trockenobst, Melone und andere vollreife Früchte enthalten viel Zucker und haben unsichtbare Hefepilze auf den Schalen. Sie können Candida auslösen.

Erdnüsse: Sie reifen in der Erde heran und enthalten schädliche Schimmelpilze.

Vergorene Speisen und Getränke sind voll mit Hefepilzen.

Alkohol ist ein Labsal für Candida; am schlimmsten sind Wein und Bier.

Wein: Durch Hefepilze auf den Weintrauben vergärt der Wein.

Bier: Malz ist vergorener Treber.

Käse ist in jeder Form vergoren.

Schränken Sie den Verzehr von Früchten ein, weil sie Fruktose, also Fruchtzucker, enthalten. Zucker in jeder Form aber fördert Candida! Essen Sie also bevorzugt feste, nicht überreife Früchte. Viele Patienten, die an chronischer Candida leiden, essen übermäßig viel Obst. Vielleicht müssen Sie ganz auf Obst verzichten, bis Sie geheilt sind.

Schränken Sie den Verzehr von Milch ein, denn sie enthält Laktose oder Milchzucker, obwohl sie gar nicht süß schmeckt. In Sojamilch ist kein Milchzucker enthalten; doch achten Sie darauf, dass sie keinen Zucker enthält.

Schälen Sie Wurzelgemüse, denn auf den Schalen sind Schimmelpilze. Essen Sie die Schalen von Pellkartoffeln nicht mit. *Speisereste* werden in kürzester Zeit von Hefe- und Schimmelpilzen befallen. Daher bekommen sie vielen Menschen, die an Candida leiden, besonders schlecht. Sie werden sich wundern, wie viel besser es Ihnen geht, wenn Sie auf Speisereste ganz verzichten.

Welche Getränke sind günstig?

- Wasser, frisch gepresster Zitronensaft
- Koffeinfreier Tee oder Kaffee
- Nicht zu viel Milch
- Ungesüßte Sojamilch
- Frisch zubereitete Gemüsesäfte

Koffeinfreie Teebeutel bekommt man in gut sortierten Lebensmittelgeschäften. Natürlich sind sie ebenso wie koffeinfreier Kaffee nur ein Kompromiss.

Was kann man anstelle von Brot essen?

- Kartoffeln
- Haferbrei, Reis, Hirse, Graupen, Quinoa
- Selbst gebackenes Brot mit Backpulver (am besten Weinsteinbackpulver)
- Hefefreies Knäckebrot
- Haferkekse, Reiskekse
- Fladenbrot

Vorsicht! Denken Sie daran, dass Sie reichlich Vollkornprodukte und Kartoffeln brauchen, damit Sie bei Kräften bleiben. Reiskekse und Knäckebrot allein enthalten bei weitem nicht genügend Nährstoffe. Eine kalorienreduzierte Ernährung ist ungünstig, vor allem wenn Sie unter einem niedrigen Blutzuckerspiegel leiden.

Vollkornmehl kann man auch ohne Hefe zum Backen und Kochen verwenden.

Selbst gemachte Fladen: Leider enthalten die meisten fertig gekauften Pittabrote und Maisfladen Hefe oder Zucker, deshalb sollten Sie sie selbst backen.

Selbst gebackenes Brot mit Weinsteinbackpulver kann man gleich in größeren Mengen backen und dann einfrieren. In den meisten Vollwertkochbüchern finden Sie Rezepte für solche Brote. Dasselbe gilt auch für Vollkornkekse und Vollkornkuchen.

Nahrungsmittel gegen Candida

* Knoblauch wirkt als kraftvolles natürliches Fungizid
* Naturjoghurt hilft, denn es enthält Candida-feindliche Bakterien
* Kaltgepresstes Olivenöl wirkt gegen schädliche Pilze

ÄNDERN SIE IHRE ERNÄHRUNG GANZ ALLMÄHLICH

Ein allzu abrupter Wechsel der Ernährungsgewohnheiten kann unangenehme Folgen haben, vor allem wenn es sich um schwere Fälle handelt. Viele Patienten mit chronischer Candida leiden zugleich unter Lebensmittel-Unverträglichkeit, von der im folgenden Kapitel die Rede sein wird. Widerstehen Sie deshalb der Versuchung, sich allzu schnell in die neue Diät zu stürzen. Gehen Sie lieber Schritt für Schritt vor, die Reihenfolge bleibt Ihnen überlassen:

1. *Essen Sie immer weniger Zucker und gesüßte Speisen.* Nehmen Sie stattdessen viele verschiedene Vollkornprodukte und Kartoffeln zu sich. Wenn Sie ein großes Bedürfnis nach Zucker verspüren, essen Sie für eine Übergangszeit Obst.
2. *Reduzieren Sie Ihren Brotverzehr.*
3. *Trinken Sie weniger alkoholische Getränke.* Trinken Sie Mineralwasser mit Zitronenscheibe, wenn Sie ausgehen.
4. *Ersetzen Sie nach und nach Obst durch rohes Gemüse und Salat:* Avocado, Tomaten, rohe Möhren, rote und gelbe Paprikaschoten, Stangensellerie usw.

**HALTEN SIE SICH AN DIE GRUNDSÄTZE
DER HAY'SCHEN TRENNKOST**

Trennkost: Das Trennen von Eiweiß und Kohlenhydraten
hilft gegen Blähungen.
50% Salat und rohes Gemüse: Wenn Sie keinen Salat
essen können, sollten Sie es mit roher Gemüsesuppe
(Seite 145 f.) versuchen. Rohkost lindert Darm-
und Schleimhautprobleme.

Trennkost kann zu schnellerer Heilung führen

Viele werden allein mit Diät gesund

Sie machen von Anfang an gute Fortschritte und brauchen keine weiteren pilzabtötenden Mittel (Fungizide).

MUSS ICH MEIN LEBEN LANG EINE DIÄT EINHALTEN?

Das hängt ganz von Ihren Abwehrkräften ab. Manche Leute müssen die Diät ganz streng einhalten. Andere können sich gelegentliche Abweichungen erlauben. Die Reaktion auf ein schädliches Nahrungsmittel kann sich erst nach Tagen aufbauen, sodass man den Zusammenhang nicht ohne weiteres erkennt.

Vorsicht!

Candida kann ein tückischer Feind sein. Wenn Sie ein schwerer Fall sind, werden Sie feststellen, dass bei der kleinsten Unterbrechung der Diät die Symptome wiederkehren, vor allem am Anfang. Falls Sie ernstlich erkrankt sind (und das sind leider die meisten Patienten), wäre es sicherer, von Anfang an den Rat und die Hilfe eines Ernährungsspezialisten in Anspruch zu nehmen.

Bei der Ernährungsumstellung auf ausreichende Vitamin- und Mineralstoffversorgung achten!

WIE LÄSST SICH CANDIDA SONST NOCH BEHANDELN?

* Vitamine und Mineralstoffe, um die natürliche Widerstandskraft zu stärken
* Nachtkerzenöl einnehmen
* Lactobacillus acidophilus: hilfreiches Bakterium gegen Candida; in Kapselform in Naturkostläden erhältlich
* Capronsäure ist ein natürliches Fungizid
* Verschiedene andere pilzabtötende Mittel

Widerwilliges Verschwinden

Wenn die Candida-Pilze gleichsam ausgehungert werden, sterben Sie ab und überschwemmen das System mit Candida-Giftstoffen. In manchen Fällen können die Symptome dann für ein, zwei Wochen zurückkehren, bis auch die Toxine vernichtet sind. Zu dieser Phase kommt es aber nicht in jedem Fall.

Vorsicht!

Die Phase des Absterbens der Pilze kann recht heftig sein, wenn der Candida-Befall besonders stark war, vor allem als Reaktion auf pilzabtötende Medikamente. Deshalb sollte man immer mit kleinen Dosen beginnen und diese erst allmählich erhöhen. Am besten wird die Einnahme von einem Spezialisten überwacht, der möglichst ein auf Ernährungsprobleme spezialisierter Arzt mit Candida-Erfahrung sein sollte. Mit Hilfe eines solchen Experten werden Sie sicher schneller gesund.

MEDIKAMENTE UND CANDIDA

Viele Leute können das erste Auftreten ihrer Krankheit bis zur Einnahme von Antibiotika zurückverfolgen, die zugleich die schützende Bakterienflora im Darm schädigen. Das Risiko ist besonders groß, wenn man sie häufig oder in großen Dosen eingenommen hat.

Auch andere Medikamente können die Neigung zu Candida fördern

* Anti-Baby-Pillen
* Hormonersatz-Therapien
* Steroide

Dieses Kapitel kann Ihnen nur einen kurzen Abriss bieten. Es verfolgt den Zweck, Hilfe zum Erkennen der Krankheit und den Rat zu geben, es als erstes mit einer Ernährungsumstellung zu versuchen.

Wenn Lebensmittel-Unverträglichkeit ans Licht kommt

Es ist wichtig, etwas über Lebensmittel-Unverträglichkeit zu erfahren, bevor man mit der Hay'schen Trennkost beginnt. Sie sollten beispielsweise wissen, dass Sie unter Umständen eine unangenehme Reaktion erleben, wenn Sie nach längerer Trennkost-Ernährung der Versuchung nachgeben und die Diät einfach abbrechen. Falls Sie darauf nicht vorbereitet sind, fühlen Sie sich möglicherweise gar nicht wohl und gewinnen den Eindruck, die Hay'sche Trennkost sei nicht das Richtige für sie gewesen.

ALLERGIE ODER UNVERTRÄGLICHKEIT?

Nahrungsmittelallergie

Die meisten Menschen verstehen darunter alle starken wie schwachen Reaktionen auf Nahrungsmittel, doch eine Nahrungsmittelallergie im streng medizinischen Sprachgebrauch kommt nicht allzu oft vor. Es handelt sich dabei um eine schwere und unverkennbare Reaktion, wie sie manche Menschen beispielsweise nach dem Genuss von Erdnüssen oder Fisch erleben. Dabei handelt es sich um einen eindeutig zu diagnostizierenden Zustand, der sich durch Laboruntersuchungen bestätigen lässt.

Lebensmittel-Unverträglichkeit

Bei einer Unverträglichkeit kommt es zu weniger aufregenden Reaktionen, die zudem länger auf sich warten lassen; es kann eine Stunde, aber auch einen ganzen Tag dauern, bis sich die Reaktion zeigt. Im Allgemeinen handelt es sich dabei um Nahrungsmittel, die sehr häufig gegessen werden, weshalb man dem Auslöser oft nur schwer auf die Spur kommt. Doch zum Glück lässt sich die Reaktion besser behandeln.

Lebensmittel-Unverträglichkeit bleibt heute häufig unerkannt, weil es keinen hundertprozentig verlässlichen Labortest gibt, der sie bestätigen könnte. Infolgedessen haben, wie bei Hypoglykämie und Candida, die Ärzte vielfach keine Ahnung, dass sie so verbreitet ist, so viele unterschiedliche Symptome zeigen kann und so sehr an anderen Krankheiten beteiligt ist. Dabei kennt die Medizin das Problem seit Jahrtausenden. Schon Hippokrates, der Vater der Medizin, der vor der Zeitenwende lebte, hat Nahrungsmittel und Speisen, die üble Folgen haben können, identifiziert und dabei ganz ähnliche Methoden benutzt, wie sie hier beschrieben sind.

DAS PROBLEM AUFZEIGEN

Wenn man die Hay'sche Trennkost praktiziert, wird eine solche Unverträglichkeit denaturierter Nahrungsmittel meist schon während der ersten zwei oder drei Wochen aufgedeckt. Später dann, meist innerhalb der ersten sechs Wochen, könnte es auch Reaktionen auf natürliche Nahrungsmittel wie Milchprodukte oder Weizen geben. Eine Liste von Symptomen gibt Ihnen entsprechende Anhaltspunkte.

Fangen Sie mit der Hay'schen Trennkost an

- Verzichten Sie auf alle denaturierten Nahrungsmittel und ersetzen Sie sie durch natürliche Produkte
- Noch günstiger ist, wenn Sie Kohlenhydrate und Eiweiß nicht bei derselben Mahlzeit zu sich nehmen und auch auf Koffein verzichten

Nach etwa zwei Wochen oder sobald Sie sich besser fühlen, nehmen Sie jeweils ein denaturiertes Nahrungsmittel, auf das Sie gerade Heißhunger haben, wieder in Ihren Speiseplan auf und achten auf seine Wirkung.

DIE SCHLIMMSTEN ÜBELTÄTER

Zucker und alle süßen Nahrungsmittel, vor allem Schokolade, weißes Brot und weißes Mehl.

WAS HABE ICH ZU BEFÜRCHTEN?

Kopfschmerzen, Müdigkeit; Schnupfen oder Grippe; Bauchweh; dazu auch andere, ganz verschiedene Symptome.

Vorsicht, wenn Sie sehr geschwächt sind
Denaturierte Nahrungsmittel lösen manchmal heftige Reaktionen aus, deshalb sollten Sie zuerst nur wenig davon probieren. Sie können auf diesen Test auch ganz verzichten, vor allem, wenn Ihnen die natürliche Ernährungsweise gut bekommt.

Besondere Vorsicht bei Asthma!
Das Ausprobieren von Nahrungsmitteln kann gelegentlich einen Anfall auslösen, auch wenn Sie sonst nur leichtes Asthma haben; deshalb sollten Sie nur ganz kleine Mengen probieren.

Unverträglichkeit natürlicher Nahrungsmittel

Wenn Sie die denaturierten Nahrungsmittel endgültig von Ihrem Speiseplan verbannt haben, fühlen Sie sich viel mehr im Einklang mit Ihrem Körper. Deshalb lässt Ihr Körper Sie sicher spüren, wenn ihm irgendein Nahrungsmittel Probleme bereitet. Die Unverträglichkeit bestimmter Nahrungsmittel ist oft familienbedingt, doch die Auswirkungen sind individuell verschieden.

JEDE ART VON NAHRUNGSMITTELN KANN
REAKTIONEN BEWIRKEN

Die häufigsten Störungen entstehen durch:
- Milchprodukte
- Schweinefleisch (auch Speck und Schinken)
- Bananen und Zitrusfrüchte

Entzugserscheinungen
Wenn Sie bis jetzt irgendetwas in großen Mengen gegessen haben, sollten Sie es nur ganz allmählich absetzen, damit es nicht zu Unwohlsein kommt.

UNVERTRÄGLICHKEIT VON MILCHPRODUKTEN

Sie kann zu einem riesigen Problem werden und wird heute schon relativ häufig diagnostiziert, doch in vielen Fällen bleibt sie unerkannt. Wenn Sie viel Milch trinken oder reichlich Käse essen, liegt, bei entsprechenden Reaktionen, ein Verdacht auf diese Unverträglichkeit nahe. Doch nicht jeder, der darunter zu leiden hat, verzehrt große Mengen Milchprodukte, sie kann sich auch beim Genuss kleiner Mengen bemerkbar machen.

Eine Kuhmilch-Unverträglichkeit zeigt sich häufiger bei Menschen, die als Flaschenkinder aufgezogen wurden.

Der Versuch funktioniert nur, wenn Sie konsequent sind
Totaler Verzicht auf Milchprodukte, einschließlich Joghurt, bringt die schnellsten Resultate. Bei manchen Menschen zeigen sich nur Symptome, wenn Sie eine bestimmte Menge überschreiten; bei manchen genügt schon ein Teelöffel Milch, um Unwohlsein auszulösen.

VERTRAGEN SIE KEINE MILCHPRODUKTE?

Folgende Symptome sind typische Anzeichen:

Verstopfte Nase	Angst, Spannung
Ohrenentzündung	Nervosität
Sinusitis	Lustlosigkeit
Halsentzündung	Benommenheit
Ständiger Husten	Mangelndes Selbst-
Bronchialkatarrh	vertrauen
Heuschnupfen	Hyperaktivität
Chronisches Asthma	Kopfschmerzen, Migräne
Häufige Infektionen	Bauchweh, Aufgeblähtsein
Ständige Erkältungen	Schmerzende Beine
Schleimbildung	Unkontrollierter Stuhl
Gewichtszunahme	Chronische Verstopfung
Gelenkschmerzen,	Schwierigkeit, sich im
Arthritis	Schlaf zu entspannen
Niedriger Blutzucker-	Kolitis
spiegel	Stressempfindlichkeit

Was Sie statt Kuhmilch trinken sollten?

Trinken Sie Wasser, Fruchtsaft oder nur Kräutertees – keine Sojamilch, Schafmilch oder Ziegenmilch in der Versuchsphase.

- Manche Menschen können Schafs- oder Ziegenmilch, andere gar keine Milch trinken
- Menschen, die Milch nicht vertragen, reagieren eventuell auch auf Sojamilch; es kann vor allem zu Darmproblemen kommen
- Seit einiger Zeit gibt es auch Reisgetränke, die allerdings relativ teuer sind
- Wer Diät macht, sollte die Milchprodukte einfach ersatzlos weglassen

FRESSSUCHT

Menschen, die Naturprodukte nicht vertragen, können geradezu süchtig danach werden. Es kommt auch gelegentlich zu einer Gier nach Milch, Käse und Schokolade. Betroffene sollten nur ganz allmählich darauf verzichten, damit es nicht zu schweren Entzugserscheinungen kommt.

Was sind alles Milchprodukte?

- Die verschiedenen Milchsorten, Käse, Butter, Sahne, Joghurt
- Eis, Milchschokolade
- Die meisten Margarinesorten enthalten Milch

In vielen haltbar gemachten Nahrungsmitteln und in verschiedenen Backwaren ist Milch enthalten, teilweise auch im Brot. Doch wer nicht extrem empfindlich ist, braucht sich über kleine Mengen keine Sorgen zu machen.
- Hartkäse machen die meisten Probleme

• Eier sind natürlich keine Milchprodukte, doch auch sie lösen häufig Allergien aus, vor allem das Eiweiß

Wie steht es mit dem Kalzium?

Bei hundertprozentiger Vollwerternährung werden ausreichende Mengen Kalzium aus natürlichen Nahrungsmitteln aufgenommen; zu ihnen gehören:
• Grüne Blattgemüse, vollwertige Getreideprodukte, Eier
• Früchte, vor allem Trockenobst
• Nüsse, Samen, Bohnenkerne
• Fisch, vor allem Arten mit essbaren Gräten
• Tahini (Aufstrich aus Sesamsamen) und Tofu (Sojakäse)

KALZIUMRÄUBER

Zucker, gesüßte Nahrungsmittel und süße Getränke, vor allem Cola, sind Kalziumräuber; wenn Sie darauf verzichten, nehmen Sie mehr Kalzium auf.

GLUTEN-UNVERTRÄGLICHKEIT

Auch hierbei handelt es sich um ein Problem, das oft gar nicht erkannt wird. Gluten ist das Klebereiweiß in Weizen, Roggen, Gerste und Hafer; alle Produkte, die Gluten enthalten, können allergische Reaktionen auslösen.

In welchen Produkten ist Gluten enthalten?

• Weizen und Weizenprodukte: Brot, Nudeln, Grieß; Bulgurweizen, Weizengrütze
• Haferschleim, Hafergrütze

* Roggenknäckebrot, Gerste
* Roggenbrot enthält meist auch Weizen

Was kann man ersatzweise essen?

* Pellkartoffeln
* Glutenfreie Getreideprodukte: Zuckermais und Maiskolben; braunen Naturreis, Hirse, Quinoa, rohen Buchweizen

Was ist mit Tapioka und Sago?

Obwohl beide kein Gluten enthalten, gehören sie nicht zu den vollwertigen Nahrungsmitteln (wie die verschiedenen Getreide); ihr Wert für die Ernährung lässt sich etwa mit dem von geschältem Reis und weißem Mehl vergleichen.
* Tapioka wird aus der Maniokwurzel gewonnen
* Sago stellt man aus dem stärkehaltigen Mark unter der Rinde der Sagopalme her
Informationen über andere Getreide finden Sie ab Seite 155.

Nahrungsmittel testen

Viele, die mit Weizen Probleme haben, vertragen auch die anderen glutenhaltigen Getreide nicht, doch gilt dies nicht generell. Denken Sie daran, den Verzehr nur ganz allmählich einzuschränken, wenn Sie gewohnt sind, viel Brot zu essen.
* Lassen Sie alle glutenhaltigen Getreide etwa einen Monat oder so lange weg, bis Sie sich besser fühlen, denn Getreide werden nur sehr langsam absorbiert. Es kann fast drei Wochen dauern, bis das Gluten den Organismus ganz verlassen hat; Sie werden sich also nicht gleich besser fühlen.
* Nehmen Sie dann ein einziges glutenhaltiges Getreide wieder in Ihren Speiseplan auf und warten Sie ab, ob sich irgend-

LEIDEN SIE AN GLUTEN-UNVERTRÄGLICHKEIT?

Sie kann folgende Beschwerden auslösen:

Blähungen
Bauchschmerzen
Abdominalaufblähung
Verdauungsstörungen,
  überschüssige Magen-
  säure
Reizbarkeit
Weichen Stuhlgang
Heuschnupfen
Reizbarkeit des Darms
Gelenkschmerzen,
  Arthritis
Kopfschmerzen, Migräne

Ständiges Hungergefühl
Chronische Müdigkeit
Nervösen Magen
Chronische Verstopfung
Morgendliche Benommen-
  heit
Aggression
Schlafprobleme
Luftmangel, Asthma
Alpträume
Stimmungsschwankungen
Depression
Stressempfinden

Starker Heißhunger auf Weizenprodukte,
die durch nichts zu ersetzen sind

welche Reaktionen einstellen, bevor Sie das nächste ausprobieren. Essen Sie während der Versuchsphase reichlich glutenfreie Getreideprodukte, damit Ihr Blutzuckerspiegel
nicht absinkt.

Manche Leute sind auch gegen glutenfreie Getreideprodukte
empfindlich; Reis verträgt allerdings fast jeder.

Verdauungsenzyme sollen manchen Menschen, die an Nahrungsmittel-Unverträglichkeit leiden, helfen können. Sie könnten vor allem in Situationen nützlich sein, in denen man prob-

lematischen Nahrungsmitteln nicht aus dem Weg gehen kann. Betroffene sollten dazu ihren Hausarzt oder einen Ernährungsberater fragen.

IST NAHRUNGSMITTEL-UNVERTRÄGLICHKEIT HEILBAR?

Manche Menschen stellen nach längerer Abstinenz fest, dass die Unverträglichkeit schwindet. Und auch wenn sie anhält, werden Sie unter Umständen feststellen, dass die Empfindlichkeit dank der natürlichen Heilungsprozesse mit der Zeit abnimmt.

MEHRFACHE NAHRUNGSMITTEL-UNVERTRÄGLICHKEITEN

Die Hay'sche Trennkost kann nur eine begrenzte Zahl von Unverträglichkeiten aufdecken. Wenn Sie schon sehr geschwächt sind und vielerlei Probleme haben, wird sie nur ein erster Schritt in die richtige Richtung sein. Die aussichtsreichste Methode ist, dass man sich strikt an natürliche, vollwertige Nahrungsmittel hält und den Ursachen mit Hilfe eines in Ernährungsfragen informierten Arztes auf den Grund zu kommen versucht.

Oft haben sich neutralisierende Injektionen als günstig erwiesen, doch die Patienten reagieren unterschiedlich darauf.

Achten Sie darauf, dass Sie eine erfahrene ernährungsmedizinische Beratung finden und eine sehr strenge Diät verordnet bekommen. An der Deutschen Akademie für Ernährungsmedizin in Freiburg werden seit einigen Jahren Ärzte in Ernährungsfragen weitergebildet.

**Wenn Sie bis hierher gelesen haben,
denken Sie sich vielleicht...**

*Könnte diese Aufzählung von Symptomen nicht auch auf viele
andere Krankheiten zutreffen?*

Sicher, doch es gibt ein bestimmtes Muster darin, in dem sich
der betroffene Patient meist wieder erkennt; wenn es Ihnen gut
geht, werden Sie es nicht entdecken.

Stellt nicht jeder von Zeit zu Zeit solche Symptome an sich fest?

Ja, doch nur die anhaltenden Symptome zählen wirklich, also
solche, die immer und immer häufiger wiederkehren.

Die richtige Kombination

Ob Sie die Hay'sche Trennkost als Dauerernährung für sich entdecken, hängt davon ab, wie gut Sie sie verstanden haben; deshalb sollten Sie bei der Umstellung Ihres Speiseplans Schritt für Schritt vorgehen. Eine allmähliche Veränderung, die Sie in Ihrer Lebensweise vornehmen, erweist sich oft als besonders dauerhaft. Wenn Sie sich zu schnell umstellen, könnten Sie sich unwohl und unter Druck gesetzt fühlen, Gewohntes ganz über Bord zu werfen. Doch die Erfahrung kann Sie eine Menge lehren – Sie werden schließlich darauf kommen, dass es Sinn macht, auch in Zukunft bei der Trennkost zu bleiben.

Essgewohnheiten für immer ändern

Da Ihnen jede Änderung bald zur Gewohnheit wird, werden Sie sich bald die nächste vornehmen; doch Geduld brauchen Sie schon. Ein gelegentlicher Ausrutscher macht nichts – wichtig ist die grundsätzliche Umstellung. Doch seien Sie vorsichtig, wenn Sie zwischendurch einmal ganz schwach werden. Nach längerer Einhaltung der Trennkost könnte es beim Mischen von Nahrungsmitteln, die sich nicht vertragen, zu unangenehmen Reaktionen kommen.

KEINE NAHRUNGSMITTEL MISCHEN, DIE SICH NICHT VERTRAGEN!

Konzentrierte Eiweißprodukte
Fleisch, Fisch, Eier, Käse werden getrennt von...
Konzentrierten Kohlenhydratprodukten
Kartoffeln, Getreide
plus
Zucker und allen süßen Nahrungsmitteln**

Man isst sie zu getrennten Mahlzeiten, also:
entweder eine Eiweißmahlzeit oder eine Kohlenhydrat-
mahlzeit

Lernen Sie als erstes, die aufgezählten Nahrungsmittel zu trennen. Das dauert eine Weile und ist sicherlich am Anfang von Fehlern begleitet. Vielleicht brauchen Sie einige Wochen oder gar Monate, bis Ihnen das Trennen zur zweiten Natur geworden ist.

Gemüse (aber nicht Kartoffeln) passt zu jeder Mahlzeit.
Salate aller Art passen zu jeder Mahlzeit.
** Setzen Sie sich zum Ziel, schließlich ganz auf Zucker und gesüßte Speisen zu verzichten.

Warum gibt es so viele verschiedene Bücher über Trennkost?

Die Trennkost ist nichts Neues, wir sind nur dabei, alte Erkenntnisse für uns wiederzuentdecken. Es gibt mehrere Systeme für eine sinnvolle Kombination von Nahrungsmitteln und selbst in Büchern zur Hay'schen Trennkost findet man unterschiedliche Wege beschrieben, je nach den Erfahrungen der einzelnen Autoren. Natürlich wäre es einfacher, wenn man ein exaktes Re-

KEINE NAHRUNGSMITTEL MISCHEN, DIE SICH NICHT VERTRAGEN!

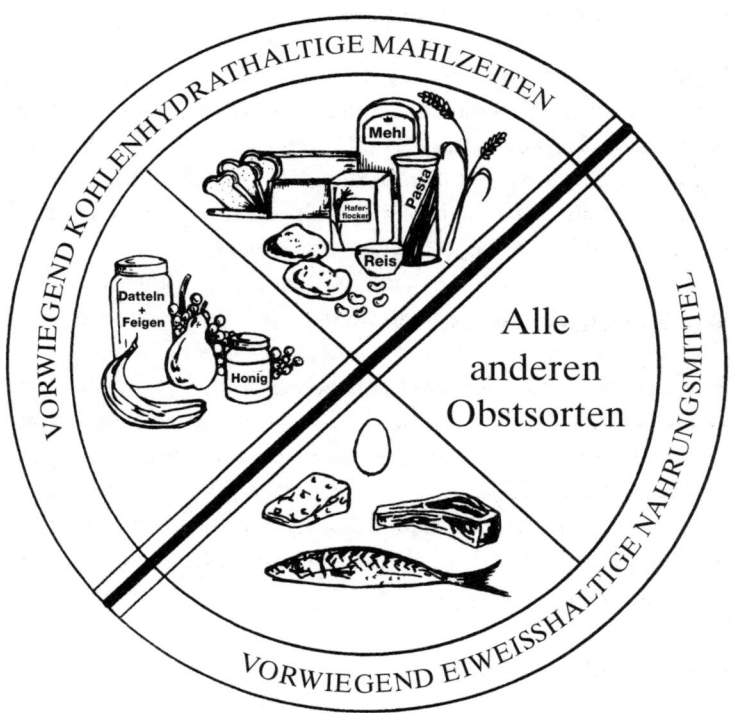

gelwerk aufstellen würde, an das sich jedermann halten kann. Doch wir sind Individualisten und jeder Körper reagiert etwas anders. Achten Sie also auf die Botschaften, die Ihnen Ihr Körper übermittelt, und halten Sie sich an das, was Sie am besten vertragen und was Ihnen wohl tut.

Wie viel Zeit soll zwischen einer kohlenhydratbetonten Mahlzeit und einer Eiweißmahlzeit liegen?

Ideal sind drei bis vier Stunden. Die Verdauung von Kohlenhydraten findet überwiegend in den ersten 30 bis 45 Minuten nach einer Mahlzeit statt.

Für die Eiweißverdauung werden zwei bis vier Stunden benötigt. Eiweiß bleibt viel länger im Magen, weil es dort auch verdaut wird.

Sind Zwischenmahlzeiten möglich?

Ja, natürlich! Viele Menschen machen es sich zur Gewohnheit, kleine Snacks zwischendurch zu essen, nicht zuletzt wegen ihres niedrigen Blutzuckerspiegels. Manche haben gar keine Probleme, wenn sie die Zeit zwischen Eiweiß- und Kohlenhydratmahlzeit auf zwei Stunden reduzieren. Wichtig ist aber, dass Sie auf keinen Fall Eiweiß und Kohlenhydrate bei derselben Mahlzeit verzehren.

Wie viel soll man essen?

Die meisten Trennköstler stellen bald fest, dass sie weniger brauchen, wenn sie nach den Hay'schen Prinzipien leben. Kleine Mahlzeiten setzen tatsächlich mehr Energie frei. Deshalb sollten Sie, wenn Sie bereits gesättigt sind, auf keinen Fall weiteressen.

EIN EINFACHES HEILMITTEL

Vernünftige Trennkost kann eine ungeheure Erleichterung für
das Verdauungssystem sein. Die nachstehend aufgeführten
Symptome zeigen, wie sehr wir es durch ungünstig zusammen-
gestellte Nahrung strapazieren. Die meisten Trennköstler kommen nach einigen Wochen der Ernährungsumstellung zu der
Überzeugung, dass sie bei dieser Art zu essen bleiben wollen –
wenn nicht, meldet ihr Verdauungssystem Protest an. Die
starke Motivation dieser Ernährungsform liegt in dem Wohlgefühl, das sie vermittelt. Und viele haben auch schon herausgefunden, dass sich die unangenehmen Symptome wieder einstellen, sobald sie nicht mehr trennen.

TRENNEN VON NAHRUNGSMITTELN

(nach den Erfahrungen vieler, die Trennkost
erprobt haben)

BESSERUNG BEI:

Schwerfälligkeit nach dem Mittagessen	Müdigkeit nach dem Essen
Verstopfte oder laufende Nase	Aufstoßen, Blähungen, Darmwinden
Verdauungsstörung	Sinusitis
Sodbrennen	Asthmaanfällen
Verstopfung	Ekzemen
Gelenkschmerzen	Allergien
Geschwollenen Füßen	Darmproblemen
Niedrigem Blutzucker- spiegel	

Wann stellen sich die ersten Ergebnisse ein?

Bei manchen Menschen kommt die Reaktion erstaunlich
schnell, vor allem wenn sie einigermaßen gesund sind. Schon
nach Tagen können Verdauungsprobleme und kleinere allergische Störungen verschwinden; bei schwerwiegenden Krankheiten wie Asthma, Ekzemen oder Arthritis muss man mehr
Geduld haben, doch auch hier kommt es zu spürbarer Besserung.

Was allein das Trennen bewirken kann!

*Ich faste nicht, sondern trenne nur, und doch habe ich mehr als
sechs Kilogramm abgenommen. Die Blähungen sind weg, mein
Bauch ist jetzt ganz normal.*

*Ich habe mich immer gesund ernährt, doch seit ich trenne, fühle
ich mich phantastisch; meine Haut ist weicher und das Haar viel
voller.*

*Ich trenne, weil ich mein Gewicht halten will; zwei Tage in der
Woche setze ich aus.*

*Trennen ist das einzige, was mir hilft. Ich habe mehr Energie, die
Verdauung wird besser, alles passt zusammen. Sobald ich damit
aufhöre, kommen alle Beschwerden zurück. Ab einem bestimmten Alter ist es einfach besser, Kohlenhydrate und Eiweiß zu trennen.*

*Meine juckenden Augen und die rinnende Nase haben sich so-
fort gebessert.*

*Mein Darm funktioniert wirklich gut, doch wenn ich aufhöre,
Kohlenhydrate und Eiweiß zu trennen, leide ich wieder unter
Verstopfung.*

*Ich trenne bei den Mahlzeiten, das ist alles. Es ist nicht ganz
leicht, doch ich konnte meine Medikamente gegen Angst reduzieren; also muss irgendetwas geschehen sein.*

Die Wirkung des Trennens wird noch verstärkt, ja verdoppelt,
wenn Sie auf raffinierte und künstlich haltbar gemachte Nahrungsmittel ganz verzichten, sie durch natürliche Produkte ersetzen und dazu frisches Obst, viel rohes Gemüse und Salat essen.

WARUM SOLL MAN KOHLENHYDRATE UND EIWEISS TRENNEN?

Was geschieht mit den Kohlenhydraten?

Die Verdauung von Kohlenhydraten verlangt ein basisches Milieu. Sie beginnt bereits im Mund; durch gründliches Kauen und
Einspeicheln setzt die Umwandlung der Kohlenhydrate in Zucker ein. Der Speichel ist alkalisch und setzt auch im Magen die
Verdauung der Kohlenhydrate fort; dort ist nicht genügend
Magensäure vorhanden, um den Vorgang zu stören, solange wir
nicht gleichzeitig konzentrierte Eiweißprodukte zu uns nehmen. Im Magen werden die Speisen gut durchmischt und nach
und nach in den Dünndarm entlassen, wo die eigentliche Verdauung stattfindet.

Was geschieht mit dem Eiweiß?

Eiweiß braucht für seine Verdauung Säure. Wenn konzentriertes Eiweiß in den Magen gelangt, wird genau so viel Magensäure gebildet, wie notwendig ist, um das Eiweiß aufzuspalten.

Was passiert, wenn wir Kohlenhydrate und Eiweiß gleichzeitig essen?

Theoretisch geschieht Folgendes:

- Der Mageninhalt ist neutralisiert, und unvollständig verdaute Speisen können im Verdauungssystem zur Gärung kommen, was wiederum zu Blähungen, Aufstoßen und Darmwinden führt
- Große Moleküle von unvollständig verdautem Eiweiß, darunter auch Histamine, können in den Blutstrom gelangen und dabei allergische Reaktionen aller Art auslösen
- Die Leerung des Magen wird behindert und das führt oft zu Verstopfung

Doch manche Getreidearten und auch Gemüse enthalten sowohl Kohlenhydrate als auch Eiweiß, ohne dass es zu Störungen kommt.
Natürliche Nahrungsmittel enthalten eigentlich niemals gleichzeitig konzentrierte Kohlenhydrate und konzentriertes Eiweiß. Entweder dominieren die Kohlenhydrate, oder das Eiweiß herrscht vor. Getreide besteht beispielsweise vorwiegend aus Kohlenhydraten und enthält nur so wenig Eiweiß, dass es für die Verdauung praktisch keine Rolle spielt. Fleisch dagegen besteht vorwiegend aus Eiweiß.

**WARUM SIND FOLGENDE KOMBINATIONEN
UNVERTRÄGLICH?**

Pizza mit Magerkäse	Fleischcurry mit Reis
Fleisch-Kartoffel-Auflauf	Fisch und Pommes frites
Pasta mit Käsesauce	Apfelkuchen
Hamburger mit Brötchen	Brotscheiben mit
Gebratenes Fleisch und	Magerkäse
Bratkartoffeln	Schinken in Brotteig
Ei auf Toast	Würstchen mit Brötchen
Magerkäse auf Toast	Nudelauflauf
Brötchen mit Ei	mit Schinken
Quiche mit Ei und Käse	Fleischpasteten

Was ist mit getrockneten Bohnen und Erbsen?
Sobald sie eingeweicht sind, normalisiert sich das Verhältnis
von Kohlenhydraten und Eiweiß wieder, das bedeutet, sie bestehen vorwiegend aus Kohlenhydraten und Wasser und enthalten nur zu etwa fünf Prozent Eiweiß. Die Prinzipien der
Trennkost folgen ganz den Gesetzen der Natur.

DIE NATÜRLICHE ART ZU ESSEN

Unsere Urahnen lebten noch als Jäger und Sammler in den
Wäldern, sie pflückten Beeren, gruben kohlenhydratreiche
Wurzeln aus und jagten Tiere, um an Fleisch zu kommen; sie haben wahrscheinlich jedes dieser Nahrungsmittel für sich gegess-
sen.

WAS IST MIT DEN FRÜCHTEN?

Für die meisten Menschen ist es kein Problem, Obst zu den Mahlzeiten zu essen, wenn sie sich an die Kombinationsvorschläge von Dr. Hay halten:

Zu Kohlenhydratmahlzeiten gibt es: Bananen, reife, gelbe Birnen, reife Weintrauben, Datteln und Feigen.

Zu Eiweißmahlzeiten gibt es: alle anderen Früchte.

Manche Trennkost-Autoren propagieren zwar die Trennung von Kohlenhydraten und Eiweiß, empfehlen aber, Obst nicht zu den Mahlzeiten zu essen. Es soll vielmehr morgens auf nüchternen Magen genossen werden. Manche Menschen, die glauben, sie könnten rohes Obst überhaupt nicht essen, stellen erfreut fest, dass sie es als separate Mahlzeit gut vertragen. Jeder muss hier den günstigsten Zeitpunkt zum Obstessen für sich selbst herausfinden.

WAS IST, WENN DIE TRENNKOST NICHT ZU HELFEN SCHEINT?

Setzen Sie den Versuch trotzdem fort; eine vollständige Umstellung auf natürliche Nahrungsmittel kann eine Menge gesundheitlicher Probleme lösen. Je schlimmer Ihre Beschwerden sind, desto strikter sollten Sie sich an die natürliche Ernährung halten. Den meisten Menschen gefällt die Trennkost, ihre Kraft und Vitalität nehmen zu, und sie möchten gar nicht mehr zu ihren alten Ernährungsgewohnheiten zurückkehren. Doch gelegentlich kommt es vor, dass besonders aktive Menschen mit strapaziösem Berufsalltag nach einiger Zeit etwas von ihrer Vitalität einbüßen. Sie schaffen es nicht, genügend Kohlenhydrate aufzunehmen, um damit ihre Energie anzuheizen, und sehen sich gezwungen, das Experiment abzubrechen.

Und ganz wenige werden mit der Trennkost überhaupt nicht

fertig; sie können sich selbst nach mehreren Anläufen einfach nicht daran gewöhnen. Selbst das ist kein Grund zur Verzweiflung. Wer unbedingt Kartoffeln zum Fleisch haben muss, sollte wenigstens versuchen, sich grundsätzlich an natürliche, vollwertige Nahrungsmittel zu halten. Auch davon kann man viel profitieren.

ABNEHMEN DURCH TRENNKOST

Wenn Sie sich sowieso schon vollwertig ernähren, aber damit nicht abnehmen können, ist die Hay'sche Trennkost vielleicht genau das Richtige für Sie. Viele Leute haben festgestellt, dass sie dort helfen kann, wo alles andere versagt hat. Dr. Hay hat einmal 40 Personen für drei Monate auf die gleiche Vollwerternährung gesetzt. Die Hälfte von ihnen hat zugleich Trennkost praktiziert und alle in dieser Gruppe haben beträchtlich abgenommen, ohne sich etwas abgehen zu lassen. Die andere Hälfte verzichtete darauf, Eiweiß und Kohlenhydrate zu trennen, und keiner von ihnen hat abgenommen.

Verlieren Sie zu viel Gewicht?

Wer abnehmen möchte, ist natürlich hocherfreut, mit der Hay' schen Trennkost so mühelos Gewicht zu verlieren, doch bei manchen purzeln die Pfunde immer weiter. Leute, die aus gesundheitlichen Gründen Trennkost essen, können manchmal mehr abnehmen, als sie eigentlich vorhatten. Behalten Sie deshalb Ihr Gewicht im Auge, vor allem wenn Sie sich nicht wohl fühlen. Sie können einen unerwünschten Gewichtsverlust nämlich verhindern.

Zu dünn?

Manchmal stabilisiert sich das Gewicht nach anfänglichem Abnehmen oder kehrt wieder auf den Normalstand zurück, weil die Nahrung besser absorbiert wird. Doch wenn Sie sich nicht wohl fühlen, ist Ihr Körper vielleicht so sehr mit wichtigen Reparaturarbeiten beschäftigt, dass er nicht gleich dazu kommt, das Gewicht – nach oben oder unten – zu regulieren. Wenn Sie weiter abnehmen, sollten Sie genau prüfen, ob Sie genug essen, denn wenn Sie zunehmen wollen, brauchen Sie zusätzliche Nährstoffe. Sie müssen sich noch intensiver mit Ihrer Ernährung befassen und lernen, sie genau auszutarieren. Weitere Informationen dazu finden Sie auf Seite 90 ff.

Wie vergiftet sind wir eigentlich?

Trennen gilt allgemein als der wichtigste Aspekt der Ernährung nach Hay, dabei soll das Trennen von Kohlenhydraten und Eiweiß bei derselben Mahlzeit eigentlich nur der erste Schritt sein; es geht nämlich um zwei ganz unterschiedliche Grundsätze. Der zweite wichtige Schritt besteht nämlich darin, denaturierte Nahrungsmittel ganz vom Speiseplan zu streichen und sie durch natürliche, unbehandelte Lebensmittel zu ersetzen. Eine solche Ernährungsweise wäre uns vor 150 Jahren noch ganz normal und selbstverständlich erschienen, doch heute sind Fertig- und Halbfertiggerichte schon so sehr Teil unseres Lebens geworden, dass uns ein Wechsel zu natürlichen Nahrungsmitteln anfangs zu schaffen machen kann. Wir müssen diese Lektion erst ganz neu lernen.

Wir fragen zu Recht nach den Risiken von zu viel chemischen Zusätzen in unserer Nahrung, doch andererseits zeigen wir uns erstaunlich gleichgültig gegenüber all dem, was den Nahrungsmitteln fehlt. Immer noch greifen wir zu fertig paketierten Gerichten, die, auch wenn keine chemischen Zusätze auf der Packung angegeben sind, doch bearbeitet und haltbar gemacht wurden; auch solche Nahrungsmittel haben ein Defizit, sie sind einfach tot. Die lebendigen Bestandteile wurden ihnen um der längeren Haltbarkeit willen entzogen. Die Bearbeitung und Denaturierung von Nahrungsmitteln, vor allem von Kohlenhydraten wie Zucker und Weißmehl, kann eine geradezu toxische Wirkung auf den Körper haben, vor allem auf lange Sicht. Die jüngste BSE-Krise (Rinderwahnsinn) hat uns doch gerade höchst unsanft daran erinnert, wie gefährlich es sein kann, der Natur ins Handwerk zu pfuschen.

Die Symptome, die im nachfolgenden Kasten aufgelistet sind, können Hinweise auf solche Vergiftungserscheinungen geben. Die Wirkung von denaturierten Nahrungsmitteln, Zusätzen und Pestiziden auf den Körper kann langsam und schleichend sein. Der Effekt ist zunächst genauso unmerklich wie beim Rauchen, das übrigens das Problem noch verschärft. Doch hier beginnt die Degeneration: Selbst die anscheinend Gesündesten haben mit irgendeinem Gesundheitsproblem zu kämpfen.

WIE FÜHLEN SIE SICH?

Müde	Gelangweilt
Ausgelaugt	Kopfschmerzen
Reizbar, missmutig	Vergesslich
Alles andere als fröhlich	Keine Ideen
Steif in den Gelenken	Ahnungslos
Erschöpft	Unglücklich
Abwehrschwach	Ohne Konzentration
Häufig erkältet und grippig	Leicht gestresst
Immer wieder unwohl	Spannungsgeladen
Graue Gesichtsfarbe	Nervös

Mangelernährung stört das empfindliche natürliche Gleichgewicht; es bringt die Körperchemie durcheinander und beeinträchtigt den Blutzuckerspiegel. Es kommt zu hormonellen Ungleichgewichten; die Dinge sind nicht mehr harmonisch aufeinander abgestimmt. Der Alterungsprozess wird beschleunigt, und degenerative Krankheitserscheinungen kündigen sich an. Manchmal dauert es Jahre, bis die negativen Wirkungen fal-

scher, nämlich mangelhafter Ernährung sichtbar werden, doch
bei den meisten stellen sie sich allmählich ein. Je unnatürlicher
wir uns ernähren, desto eher bekommen wir die Folgen zu spüren – buchstäblich.

DEGENERATIVE ERKRANKUNGEN

Sie sind auf lange Sicht die Folgen geistigen und körperlichen
Abbaus; zu ihnen gehören:

Krebs	Chronisches Asthma
Schlaganfälle	Magengeschwüre
Herzattacken	Chronische Geistes-
Hoher Blutdruck	krankheiten
Hoher Cholesterin-	Alzheimer
spiegel	Hautkrankheiten
Arthritis	Nierenleiden

Nahrungsmittel, die schaden

Sie können wie Giftstoffe wirken, wenn man sie im Übermaß
zu sich nimmt. Und sie alle gehören zur so genannten *Junk-
food* (Schrottnahrung).
- Zucker und alle gesüßten Nahrungsmittel: Kekse, Kuchen,
  Schokolade, Eis
- Soft Drinks (süße, alkoholfreie Getränke, Limonaden)
- Weißbrot und weißes Mehl
- Kartoffelchips, Salzgebäck
- Margarine und heiß gepresste Öle
- Alle durch Bearbeitung haltbar gemachten Nahrungsmittel

Junkfood kann geradezu süchtig machen und manche Menschen sind diesbezüglich mehr gefährdet als andere. Das Problem ist, dass wir beim Genuss von künstlich veränderten, mit Zucker, Salz und anderen Zusätzen gewürzten Naschereien nur zu bald auf den Geschmack kommen und uns dann nicht mehr auf unseren natürlichen Instinkt verlassen können, der uns sagt, was uns gut tut. Wir wollen nur mehr, immer mehr davon. Mit der Zeit mögen wir weder frisches Obst noch Salate; es erscheint uns im Vergleich mit den Junk-»Köstlichkeiten« geradezu fad. So kommen wir an einen Punkt, da wir nichts anderes mehr mögen als nur noch Junkfood. Das aber kann zum Problem werden, besonders für Kinder und junge Menschen: Es fehlt ihnen an natürlichen Lebensmitteln und damit auch an Vitalität. Darunter aber leidet ihr Wohlbefinden.

Eine natürliche, vollwertige Ernährung dagegen sorgt dafür, dass wir bald wieder im Einklang mit unserem Körper und seinen wahren Bedürfnissen sind; Kinder werden ruhiger, sind weniger hektisch und der Umgang mit ihnen ist leichter. Zum Glück kann sich der Körper in jedem Alter regenerieren, es ist wirklich nie zu spät. Und an diesem Punkt setzt die Hay'sche Trennkost an. Die natürliche Art zu heilen hat etwas Wunderbares: Man legt einfach zu – an Kraft und Energie – und das Jahr für Jahr.

Und so verschlechtert sich der Allgemeinzustand

Unser Organismus kann nur so lange effizient funktionieren, wie das Blut frei ist von Abfallprodukten, die die Zellen alltäglich produzieren. Natürliche Nahrungsmittel aber werden im Körper sauber verbrannt; dabei bleibt nur wenig Abfall zurück, weil sie ausreichend Vitamine und Mineralstoffe enthalten und damit für eine vollständige Verdauung und Absorption gesorgt ist. Bei der Bearbeitung und Haltbarmachung der Nahrungsmittel aber gehen wichtige Nährstoffe verloren und unser Körper ist gezwungen, diese aus den körpereigenen Speichern zu ergänzen. Weißer Zucker enthält beispielsweise keinerlei Vitamine und Mineralstoffe. Deshalb kann er nicht ohne weiteres verarbeitet werden, vor allem nicht in den Mengen, die viele Leute davon zu sich nehmen. Nach und nach zehrt er unsere Vitamin- und Mineralstoffreserven auf. Im Laufe der Jahre fühlen wir uns immer erschöpfter und abgespannter und die Krankheitssymptome häufen sich.

BELASTEN SIE IHRE LEBER ZU STARK?

Unsere Leber hat die Aufgabe, uns von einer bestimmten Menge Abfall aus natürlichen Nahrungsmitteln zu befreien. Junkfood aber hinterlässt übermäßig viel Abfall und mutet deshalb der Leber so viel zu, dass sie andere Körpersysteme zu Hilfe rufen muss, um alles loszuwerden. Sie setzt alle Mittel ein, um den Organismus in Ordnung zu halten.

Andere Möglichkeiten der Ausscheidung
- Durch die Haut: fettige Haut, fettiges Haar, Schweiß, Körpergeruch, Ekzeme, Pickel, Akne, Geschwüre
- Durch die Nieren: mit dem Urin
- Durch die Lungen: Mundgeruch, Husten, Schleim
- Durch die Schleimhäute: Erkältungen, Katarrhe
- Durch den Darm

Die genannten Symptome aber weisen darauf hin, dass der Körper einen Kampf auszufechten hat und unsere Hilfe braucht.

NACH DEN FESTTAGEN BEKOMMT MAN DIE QUITTUNG!

Der Grad der Vergiftung unseres Körpers ändert sich ständig; sobald sie zu stark ansteigt, fühlen wir uns unwohl. Am besten lässt sich das um die Weihnachtszeit beobachten. Dann ist durch all die vielen süßen und fetten Sachen die Widerstandskraft so stark geschwächt, dass ganze Familien unter allerlei Infekten zu leiden haben.

AUFBAU GIFTIGER SÄUREN

Manchen von uns setzt das denaturierte Essen besonders zu. Die Reaktion des Körpers hängt weitgehend davon ab, wie wirksam uns die Leber und die Gesamtheit der Ausscheidungsorgane zu entgiften vermögen. Bei manchen Menschen funktioniert das besser als bei anderen. Wenn wir uns nicht täglich entschlacken, wird über die Jahre zu viel giftiger Abfall im Körper aufgebaut und auf ähnliche Weise abgelagert wie bei einer Lokomotive, die schließlich verkokt ist.

- Er zirkuliert im Blut, trübt die Stimmung, macht müde und erschöpft, träge und übellaunig
- Er kann sich in Arterien und Gelenken aufstauen
- Zu reichliches Essen vermehrt die giftige Last noch, denn der Körper kann bei einer Mahlzeit nur eine bestimmte Menge Nahrung verarbeiten, der Rest wird zu saurem Abfall
- Nahrungsmittel, die sich nicht vertragen, können den Grad der Toxizität ebenfalls erhöhen, weil die Nahrung nicht vollständig verdaut wird
- Wenn wir unter Stress stehen, verlangsamen sich alle Körperfunktionen, auch die Ausscheidung von Giftstoffen
- Chronisch Kranke sind mit viel zu viel saurem Abfall belastet

Toxische Fette

Zusätze, Pestizide und Reste giftiger Säuren sind oft im Körperfett gespeichert, lagern sich im Gewebe ab und führen zu Zellulitis. Das bedeutet, dass beim Entgiften des Körpers das Fett oft gleich mitverschwindet – auch das ist eine Ursache dafür, dass man mit der Hay'schen Trennkost so leicht abnehmen kann.

Des einen Freud ist des anderen Leid

Wenn Sie eine Unverträglichkeit gegen irgendein natürliches Nahrungsmittel haben, reagiert der Körper darauf so, als ob es giftig wäre, und möglicherweise wird es im Fett gespeichert. Deshalb haben viele Menschen, die an Nahrungsmittelunverträglichkeit leiden, unerklärlicherweise Übergewicht, obwohl sie nicht zu viel essen und sich eigentlich gesund ernähren. Doch die Pfunde schmelzen dahin, sobald der Übeltäter entdeckt ist und vom Speiseplan gestrichen wird.

Auch chronische Verstopfung ist Gift für den Körper

Wenn man unter Verstopfung leidet, ist man müde und abgeschlagen, doch sobald man sich entleert hat, fühlt man sich gleich viel besser. Ein überladener Darm ist wie ein verstopftes Rohr und kann eine Ursache für schwere Beeinträchtigungen der Gesundheit sein. Auf längere Sicht besteht die Gefahr, dass Verstopfung zu Krampfadern, Hämorrhoiden, Divertikulitis führt und schließlich sogar am Entstehen von Darmkrebs beteiligt ist. Bei vielen Menschen führt die Hay'sche Trennkost zu einer Besserung ihrer chronischen Verstopfung. So wie der Spannungszustand der Muskeln insgesamt wiederhergestellt wird, erholt sich auch der Darm im Laufe der Zeit. Wichtig ist, dass man ihn regelmäßig leert.

ERSCHRECKENDE EPIDEMIEN

Krebs, Schlaganfälle und Herzattacken kommen nicht von heute auf morgen, sondern entwickeln sich über einen längeren Zeitraum; doch der Körper ist bereit, dagegen anzukämpfen, wenn wir ihm die Möglichkeit dazu geben. Jeder Krebs- und Herzinfarkt-Todesfall kommt zu früh; das Leben von Menschen, die schwer gearbeitet und nach bestem Wissen auf ihre Gesundheit geachtet haben, ist oft viel zu kurz.

Es gibt heute schon immer mehr Sterbekliniken, immer mehr jüngere Leute sind von lebensbedrohenden Krankheiten betroffen. Und dieser Trend wird sich fortsetzen, wenn wir nicht bereit sind, unsere Ernährung und unseren Lebensstil zu ändern. Schon Dr. Hay hat festgestellt, dass Krebs sehr oft das Ergebnis einer über Jahre bestehenden inneren Vergiftung ist. Es kann oft lebensrettend sein, einen bösartigen Tumor zu entfernen, doch mit dem Eingriff allein ist die ihm zugrunde liegende Vergiftung noch nicht behoben. Hier sind wir selbst gefordert. Ein positiver Ansatz aber kann zum hochwirksamen Heilmittel werden.

Auch die Natur hat Mittel gegen den Krebs

Die Hay'sche Trennkost ist eine Ernährungsform mit wenig Risiken; sie sorgt dafür, dass nach einer Krebsbehandlung die Kräfte schneller wiederkehren und schränkt die Gefahr eines Rückfalls ein. Denn sie hilft dem Körper bei der Entgiftung. Frische Obst- und Gemüsesäfte sind dabei besonders hilfreich; sie spielen bei der Krebsbehandlung eine wichtige Rolle. Man kennt Beispiele dafür, dass sich mit der Verbesserung des Allgemeinzustands ganz allmählich sogar Krebsgeschwülste zurückgebildet, aufgelöst oder auf natürliche Weise verkapselt haben. Die natürlichen Abwehrkräfte werden gestärkt, wenn man Vitamin- und Mineralstoffmangel sowie die Unterversorgung mit essenziellen Fettsäuren behebt. Auch stehen heute heilwirksame homöopathische und pflanzliche Arzneimittel zur Verfügung.

Natürlich gibt es auch hoffnungslose Fälle, doch dank natürlicher Heilmethoden kommt es immer wieder zu ganz erstaunlichen Erfolgen. Ganz viel hängt dabei von der eigenen Lebenskraft und den natürlichen Selbstheilungskräften des Körpers ab. Selbst im fortgeschrittenen Stadium einer Krankheit können natürliche Heilmethoden zumindest Erleichterung bringen und oft besonders wohltuend sein.

Quantensprünge in der medizinischen Erkenntnis

Über die Arbeit von Dr. John Tilden (1851-1940) wird Faszinierendes berichtet, denn er kam schließlich nach jahrelanger Praxis als Schulmediziner zur Naturheilkunde. Tilden fand heraus, dass er die meisten Menschen ohne Medikamente und ohne chirurgische Eingriffe erfolgreich behandeln konnte, indem er sie entgiftete.

Dr. Hay, der selbst Chirurg war, musste, seit er sich der Naturheilkunde verschrieben hatte, innerhalb von zwanzig Jahren nicht mehr als drei Patienten in chirurgische Behandlung überweisen. Er stellte fest, dass »wir eine unvollkommene Erbmasse mit uns herumtragen und diese bis zu einem Vergiftungszustand steigern, der Jahr für Jahr dramatischer wird.« Er sprach eine andere Sprache als die Schulmedizin.

Die Hay'sche Trennkost verhilft uns zu einem ganz neuen und besseren Verständnis unseres Körpers. Bestimmte Symptome sollten uns als warnender Hinweis darauf dienen, dass wir uns selber schlecht behandeln und ein paar Dinge ändern müssen.

Grundzüge einer gesunden Ernährung

Eine gut ausgewogene Ernährung, die ausschließlich aus natürlichen, vollwertigen Produkten besteht, ist eigentlich die einzige Möglichkeit, gesund zu leben. Doch man muss es einfach ausprobiert haben, damit man es wirklich glaubt. Die meisten Menschen sind schon nach ein paar Wochen von der Hay'schen Trennkost überzeugt. Sie haben am eigenen Leib gespürt, wie denaturierte Nahrungsmittel Tag für Tag das Wohlbefinden beeinträchtigen. Wenn man sie durch frische Nahrungsmittel ersetzt, wird die Aufnahme von Vitaminen und Mineralstoffen erhöht, und genau das führt zu schneller und nachhaltiger Besserung.

Als erstes Organ reagiert das Gehirn auf eine gute Versorgung des Blutes, Kopfarbeit und Gedächtnisleistung funktionieren besser; eine falsche Ernährung beeinträchtigt nämlich auch unsere geistigen Fähigkeiten. Menschen, die sich ihr Leben lang keiner besonders guten Gesundheit erfreut haben, stellen fest, dass Ihr Körper seine Aufgaben wesentlich besser erfüllt, wenn sie keinerlei sterile, vorgefertigte, raffinierte Produkte zu sich nehmen; die Erfolge sind frappierend.

Wir brauchen mindestens 50 Prozent Rohkost

Mindestens die Hälfte unserer täglichen Nahrung sollte aus frischem Obst, Salat und rohem Gemüse bestehen. Gegart werden Getreide, Fleisch und Fisch. Manchen fällt es vielleicht schwer, sich an so viel Salat zu gewöhnen, vor allem wenn sie sich nicht ganz wohl fühlen. Doch die Besserung, die schon bald eintritt, ist Ansporn genug, mit dieser Art der Ernährung fortzufahren. Rohkost enthält Enzyme, die beim Garen zerstört werden. Diese bereiten die Nahrungsmittel so auf, dass der Organismus sie verwerten kann. Unser Körper kann auch selbst Enzyme herstellen, doch für eine funktionierende Verdauung benötigen wir auch die Hilfe von Enzymen aus rohen Produkten.

Nach ein paar Tagen, in denen der Zucker gänzlich vom Speisezettel gestrichen wird, reagieren die Geschmacksknospen bereits auf die frischen und aufregenden Aromen natürlicher Nahrungsmittel. Und schon bald bekommen Sie Geschmack am Duft und an der Würze von frischen Früchten und an der farbigen Vielfalt von knackigem Salat.

WELCHE VORTEILE BRINGT UNS EIGENTLICH ROHKOST?

Reinigung	Verbesserung der geistigen
Belebung	Leistung
Bessere Verdauung	Schnellere Heilung
Auftrieb	Entlastung von Stress
Beruhigung	Reinere Haut
Regenerieren	Mehr Vitalität
des Körpers	Klaren Kopf
Stärkung der Abwehrkräfte	Schöneres Haar
Verzögerung des Alterns	Hilfe zur Genesung

SÄUREN UND BASEN

Sauer und basisch bedeutet nicht, dass bestimmte Nahrungsmittel sich gegenseitig stören, nein, sie wirken ganz harmonisch
zusammen. Diese Begriffe beschreiben nur die Wirkung von
bestimmten Lebensmitteln auf das Blut, nachdem sie verdaut
und vom Körper aufgenommen worden sind. Wenn Körperge-
webe basisch (alkalisch) ist, bedeutet dies, dass der Gesund-
heitszustand gut und die Abwehrkraft intakt ist; ein übersäuer-
ter Organismus aber führt zu Hinfälligkeit oder gar Krankheit.
Bisher wird diese Theorie von der konventionellen Ernäh-
rungswissenschaft kaum unterstützt, weil sie, ebenso wie das
Trennen bestimmter Nahrungsmittel, oft missverstanden wird.
Und doch funktioniert sie in der Praxis. Und sie ist wichtig für
das Verständnis der Hay'schen Trennkost.

Basen bildende Nahrungsmittel

Solche Nahrungsmittel sorgen für ein wohltätiges Basendepot
und reichlich Mineralstoffe. Die alkalische Reserve dient als
Speicher für basenbildende Mineralien und steht jederzeit bereit, die sauren Abfallprodukte zu neutralisieren, die die Körperzellen natürlicherweise bei ihrer täglichen Arbeit produzieren. Sie hält den Organismus in Ordnung und spielt eine
lebenswichtige Rolle bei der Erhaltung der Abwehrkräfte.

Basen bildende Nahrungsmittel sind:
- Salate und Gemüse
- Hirse und Pellkartoffeln
- Das meiste Obst einschließlich Trockenfrüchten

Wieso kann saures Obst Basen bildend wirken?

»Saure« Früchte bedeutet nur, dass dieses Obst, ähnlich dem Eiweiß, Säure zur Verdauung braucht. Die Säure, die es selbst enthält, verlässt den Körper innerhalb einer Stunde wieder, vorwiegend über die Lungen; die verbleibenden alkalischen Mineralstoffe aber werden gespeichert und bleiben als Basenreserve im Körper.

* Je saurer eine Frucht schmeckt, desto stärker wirkt sie Basen bildend. So sind etwa Zitrusfrüchte, vor allem Zitronen, besonders reich an Mineralstoffen.
* Einige wenige Früchte bilden hier eine Ausnahme, Pflaumen, Rhabarber und Preiselbeeren sind deshalb nicht so sehr zu empfehlen.

Fette und Öle wirken neutral, sind also weder Säure noch Basen bildend.

BASEN BILDENDE MINERALSTOFFE

Kalium, Kalzium, Magnesium

Worin sind sie enthalten?
In naturbelassenen Nahrungsmitteln aller Art,
vor allem in frischem Obst und Gemüse.
Kleine Mengen Natrium, die in vollwertigen
Nahrungsmitteln natürlich vorkommen, wirken ebenfalls
Basen bildend.

Unsere Nahrung soll zugleich Medizin sein!
Wir beziehen Vitamine und Mineralstoffe am besten
aus naturbelassenen Nahrungsmitteln.

ROHE FRISCHSÄFTE FÜR SCHNELLERE GENESUNG

Frisch gepresste Obst- oder Gemüsesäfte wirken als erfrischendes und wirksames natürliches Stärkungsmittel und enthalten reichlich Basen bildende Mineralstoffe. Die Wirkung eines solchen Getränks, das direkt aus dem Entsafter kommt, wird Sie bald überzeugen; sie tritt fast augenblicklich ein. Machen Sie weiter mit den Säften, es kommt noch besser.

Auf das Gleichgewicht kommt es an

Seit die Lebensmitteltechnologie auf dem Vormarsch ist und wir zur Wohlstandsgesellschaft geworden sind, hat sich in unserer Ernährung das Gewicht von den Basen betonten Nahrungsmitteln zu den Säure betonten Produkten verschoben. Das hängt hauptsächlich mit dem übermäßigen Verzehr von industriell gefertigten Nahrungsmitteln wie Zucker und Weißmehl zusammen. Eine solche degenerative Ernährung aber fördert Gesundheitsprobleme der verschiedensten Art.

Warum sollten wir wissen, welche Produkte Säurebildner sind?
Weil heutzutage bei so vielen die Säure bildenden Nahrungsmittel bis zu achtzig Prozent der täglichen Ernährung ausmachen, obwohl es eigentlich umgekehrt sein sollte: Fast achtzig Prozent unserer Nahrung müssten Basenbildner sein, wenn wir Krankheiten verhindern und unserer Gesundheit dienen wollen.

Säure bildende Produkte

Natürliche Säurebildner sind andererseits lebenswichtig für den Körper. Wir brauchen bestimmte Eiweißmengen, um die Körperfunktionen aufrecht zu erhalten, und natürlich kommen wir auch ohne ausreichende Kohlenhydrate nicht aus, die für die Erzeugung von Wärme und Energie ebenso verantwortlich sind wie für die geistige Leistung. Unser Organismus ist so beschaffen, dass wir eine begrenzte Menge konzentrierter Eiweiß- und Kohlenhydratprodukte brauchen, deren Schlacken aber täglich wieder ausscheiden.

Gesunde, säurebetonte Nahrungsmittel sind:
- Getreideprodukte (außer Hirse)
- Fleisch, Fisch, Eier, Käse
- Getrocknete Bohnen, Erbsen, Linsen

Konzentrierte Eiweißprodukte

Fleisch, Fisch, Käse und Eier wirken besonders stark als Säurebildner; da sie mehr Säure erzeugen als alle anderen Nahrungsmittel, sollte man sie nur in Maßen essen.

Eiweißreiche Ernährung

Zu viel tierisches Eiweiß, vor allem Fleisch, stellt besonders hohe Anforderungen an das Verdauungssystem; der Körper muss hart arbeiten, um es zu neutralisieren. Vor allem die Nieren werden durch viel Eiweiß überfordert, denn die produzierte Harnsäure wird mit dem Urin ausgeschieden. Wenn Sie also bereits unter einem Mangel an Vitalität leiden, wird eine eiweißreiche Ernährung Ihre Probleme noch verschärfen.

Konzentrierte Kohlenhydrate

- Die Abfallprodukte von Kohlenhydraten sind vor allem Wasser und Kohlensäure; letztere wird vor allem über die Lungen ausgeschieden.
- Natürliche Kohlenhydrate, beispielsweise in Form von Pell-

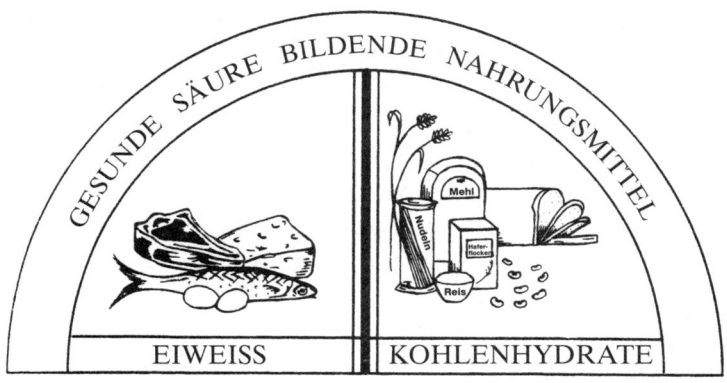

kartoffeln und Vollkornprodukten, erzeugen viel weniger Säure als eiweißhaltige Produkte.

- Weizen und Roggen wirken stärker Säure bildend als die übrigen Getreidearten.

**AUCH SÄURE BILDENDE MINERALSTOFFE
SIND FÜR DEN KÖRPER LEBENSWICHTIG**

Schwefel, Phosphor, Chlorverbindungen

Worin sind sie enthalten?
In naturbelassenen Nahrungsmitteln,
und zwar in ausgewogener Menge.
Nur im Übermaß genossen, wirken sie schädlich.
Schwefel ist wichtig zur Bildung von Schwefelsäure.
Zur Bildung von Phosphorsäure wird Phosphor
gebraucht.
Chlorverbindungen sind zur Erzeugung von Salzsäure
(Magensäure) nötig.

Hülsenfrüchte: Getrocknete Bohnen, Erbsen und Linsen erzeugen mehr Säure als alle Getreidearten.

Natriumchlorid ist ganz normales Kochsalz
Zu viel Salz wirkt Säure bildend und trägt zur Übersäuerung bei. Sulfate, Phosphate und Natriumverbindungen aber werden ausgiebig bei der Nahrungsmittelverarbeitung eingesetzt.

DIE RÜCKKEHR ZU NATÜRLICHEN PRODUKTEN

Die meisten Menschen fühlen sich schon nach einem oder zwei Tagen der Umstellung auf eine natürliche Ernährung wesentlich wohler, manche aber vertragen die vollwertigen Nahrungsmittel anfangs gar nicht so gut. Und das hat folgende Gründe:
• Vielleicht haben sie die Umstellung zu abrupt vollzogen. Die gespeicherten Gifte werden in der Entgiftungsphase in den Blutkreislauf entlassen; diese Freisetzung erfolgt vielleicht schneller, als sie ausgeschieden werden können. Rohes Gemüse und Salate führen langsamer und sanfter zur Entgiftung als rohes Obst.
• Vielleicht machen sich auch Symptome von Abwehrreaktionen bemerkbar; etwa wenn jemand gegen bestimmte Nahrungsmittel allergisch ist, ohne es bisher zu wissen.

Welche Reaktionen können auftreten?
Kopfschmerzen, depressive Phasen, Schlafprobleme, Schmerzen der verschiedensten Art oder alle Symptome auf einmal. Bleiben Sie trotzdem bei der Trennkost. Wenn Sie sonst einigermaßen gesund sind, verschwinden solche Beschwerden bald. Halten Sie aber länger an, gibt es vielleicht eine andere Ursache, zum Beispiel einen zu niedrigen Blutzuckerspiegel.

Das Gleichgewicht wiederherstellen

Ziel der Hay'schen Trennkost ist, in unserer Ernährung das Verhältnis von Säure betonten und Basen betonten Nahrungsmitteln in eine Richtung zu verändern, wie sie von Natur aus vorgesehen ist. Die Nahrung unserer frühen Vorfahren bestand vorwiegend aus frischen Früchten und Gemüse, Basen bildenden Nahrungsmitteln, die viel Kalium enthalten. Sie sind für den menschlichen Körper wie geschaffen. Säure bildende Produkte wie Fleisch und Getreide waren immer knapp und kostbar, von ihnen bekam man nur kleinere Mengen. Diesem natürlichen Ernährungsschema folgt die Trennkost. Jedes naturbelassene, nicht industriell bearbeitete Nahrungsmittel ist in sich perfekt ausgewogen. Wenn wir uns also natürlich und vollwertig ernähren, teilt sich unserem Organismus diese Ausgewogenheit mit, und wir fühlen uns gesund an Leib und Seele.

Die Trennkost den eigenen Bedürfnissen anpassen

Die Trennkost bringt vielen Menschen das erwünschte Gleichgewicht, doch kein Regelwerk ist für jeden gleichermaßen geeignet. Wenn Sie sich dabei nicht ganz wohl fühlen oder längere Zeit krank gewesen sind, sollten Sie sich vielleicht noch etwas genauer über Nahrungsmittel und ihre Wirkung auf den Körper informieren. Die meisten Leute sind ja überzeugt davon, dass ihre Art der Ernährung gesund und richtig ist. Für sie kann es ein wahrer Schock sein zu erfahren, wie unausgewogen sie sich ernähren und dass ihre Lebensweise tatsächlich alles andere als ideal ist. Oft erkennen sie aber auf Anhieb, warum sie sich nicht wohl fühlen und warum es so lange dauert, bis sie gesund werden. Haben sie aber erst einmal die richtige Einstellung gefunden, erleben sie einen gewaltigen Auftrieb und die Besserung schreitet mit Riesenschritten voran.

Sehr oft bekommen schwache und entkräftete Menschen gar nicht genug zu essen, sind also unterernährt, schon die Vergrößerung der Portionen kann bei ihnen zum Erwachen neuer Lebensgeister führen. Vielleicht ist auch das Verhältnis von Kohlenhydraten und Eiweiß bei manchen ungünstig; die Mengen, die jemand benötigt, hängen auch davon ab, wie die Nahrung verdaut und verwertet wird. Hier kann jeder für sich ein wenig experimentieren und sollte sich dabei nur vom eigenen Wohlgefühl oder Missbehagen leiten lassen.

Menschen, die unter Nahrungsmittel-Unverträglichkeit oder Candida leiden, müssen hier allerdings vorsichtig zu Wege gehen. Wenn Sie eine lange Liste von Produkten haben, die Sie nicht vertragen, ist es wichtig zu wissen, was Sie stattdessen zu sich nehmen können, und zwar bevor Sie mit der Trennkost anfangen. Eine nicht ausgewogene Ernährung führt zu noch mehr Problemen. Eine Diät- oder ernährungsmedizinische Beratung könnte dabei von großem Nutzen sein.

WASSER WIRKT WUNDER

Trinken Sie eigentlich genug? Sie brauchen 1–2 Liter Flüssigkeit täglich.

Welche Wirkung hat Wasser?

Wasser steigert die Energie
Verbessert die Verdauung
Wirkt gegen Esssucht
Gibt der Haut mehr
  Feuchtigkeit
Lindert Blasenstörungen
Schwemmt Giftstoffe aus
Löst Spannungen

Macht den Kopf klarer
Hilft gegen Verstopfung
Wirkt gegen Zellulitis
Bekämpft Flüssigkeits-
  ansammlungen
Beschleunigt Heilungs-
  prozesse

Wann soll man trinken?
- Zwischen den Mahlzeiten
- Eine halbe Stunde vor dem Essen
- Über den ganzen Tag verteilt
- Wenn Sie nachts durstig aufwachen, haben Sie tagsüber zu wenig getrunken
- Zu viel Flüssigkeit bei den Mahlzeiten verdünnt die Verdauungssäfte und behindert damit die Verdauung

Wer nur dann trinkt, wenn er durstig ist, nimmt wahrscheinlich nicht genug Flüssigkeit zu sich. Wenn Sie bisher kein oder nur ganz wenig Wasser getrunken haben, werden Sie sich wundern, wie viel frischer und reiner Sie sich fühlen, sobald Sie die tägliche Trinkmenge steigern. Das fällt Ihnen am Anfang sicher schwer, doch halten Sie durch und bleiben Sie dabei. Sie werden es bald als Wohltat empfinden.

Sobald Sie sich daran gewöhnt haben, verlangt der Organismus geradezu danach. Hören Sie auf Ihren Körper und trinken Sie immer, wenn Sie auch nur das geringste Bedürfnis verspüren. Richtiger Durst signalisiert bereits eine Notsituation. Jede Körperzelle braucht eine bestimmte Menge Flüssigkeit, um ihre Aufgaben erfüllen zu können. Das Trinken hat also seinen Sinn und Zweck. Bei Unterversorgung lagern sich Abfallstoffe im Gewebe an. Der menschliche Körper besteht schließlich zu etwa sechzig Prozent aus Wasser.

Andererseits: Wenn Sie zu viel Wasser trinken, werden die Nahrungsmittel zu schnell durch das System geschleust und ihre wertvollen Inhaltsstoffe können nicht alle aufgenommen werden.

SIND SIE VIELLEICHT AUSGETROCKNET?

Viele Menschen sind praktisch dehydriert, ohne es selbst zu merken oder auch nur ein Durstgefühl zu haben. Wenn Sie die Haut an Ihren Unterarmen zusammendrücken und hochziehen und sie nach dem Loslassen nicht sofort wieder glatt ist, sind Sie vermutlich ausgetrocknet. Trinken Sie einfach mehr, und Sie werden wahrscheinlich bald ein paar Falten weniger haben.

Tee und Kaffee bewirken Austrocknung
Das Koffein, das in diesen beiden Getränken enthalten ist, wirkt wassertreibend; wenn Sie also ausschließlich Tee und Kaffee trinken, geht über den Urin mehr Flüssigkeit ab, als Sie aufnehmen.

Leitungswasser kann müde machen
Die im Leitungswasser enthaltenen Chemikalien können empfindliche Menschen in ihrer Leistungsfähigkeit beeinträchtigen, aber auch Ekzeme, Darmprobleme oder andere Symptome auslösen. Betroffene würden über den Unterschied staunen, wenn sie stattdessen klares, sauberes Quellwasser tränken (leider ist das nicht für jeden problemlos zu beschaffen, Ersatz bietet aber stilles, salzarmes Mineralwasser).

Frisches Obst und Gemüse und die Säfte daraus

In frischen Früchten und Gemüsearten steckt nicht nur viel Wasser, sie enthalten auch in ihren Säften Vitamine und Mineralstoffe in einer Form, die der Körper leicht verwerten kann. Am besten essen Sie sie im Ganzen; wenn Sie Obst und Gemüse aber besser in Form von Säften vertragen, sollten Sie sie ausgepresst trinken.
- Säfte wirken am besten, wenn sie ganz frisch gepresst getrunken werden, man kann sie aber auch für ein paar Stunden einfrieren. Geben sie einen Teelöffel kalt gepresstes Olivenöl dazu, damit Ihnen auch die in manchen Gemüsearten enthaltenen fettlöslichen Vitamine (A und E) voll zugute kommen.
- Eine rohe Gemüsesuppe, wie sie auf Seite 145 f. beschrieben ist, erfüllt denselben Zweck wie Obst- oder Gemüsesaft.

ESSEN SIE AUCH GENÜGEND KOHLENHYDRATE?

Oder geht Ihnen etwa der »Sprit« aus?

Anzeichen für Kohlenhydratmangel

Unruhe	Pessimismus
Kalte Hände und Füße	Schlaffe Muskeln
Schlafprobleme	Kampfloses Aufgeben
Depression	Nervöse Spannung
Konzentrationsmangel	Unentschlossenheit,
Plötzliche Müdigkeit	Verwirrung
(»nicht mehr unter Dampf	Panikreaktion ohne
stehen«)	besonderen Anlass
Hunger, Trägheit,	Frösteln
Schwerfälligkeit	

Solche Probleme sind natürlich all jenen wohl bekannt, die abnehmen wollen, vor allem in den ersten zwei oder drei Wochen einer strengen Diät. Wenn man nicht aufpasst, kann so etwas aber bei der Umstellung auf Trennkost auch passieren. Und wieder handelt es sich um Symptome, die als Folge eines zu niedrigen Blutzuckerspiegels auftreten. Man kann sie jedoch vermeiden oder ihnen beikommen, wenn man erst einmal verstanden hat, worum es geht.

Unsere Reservekohlenhydrate stecken in der Leber und in den Muskeln, und wir speichern davon ungefähr 1000 bis 2000 Kalorien; das genügt für 24 bis 48 Stunden. Wenn wir nun aber radikal fasten, werden diese Reserven oft völlig abgebaut, weil die wenigsten von uns etwas über niedrigen Blutzucker wissen. In diesem Fall können Müdigkeit und Muskelschwäche verheerend sein. Wir müssen regelmäßig essen, um uns unsere Reserven zu bewahren; nur dann ist sichergestellt, dass wir uns wohl fühlen und unseren Körper auch dann in Gang halten können, wenn wir schnell mal einen Extra-Energiestoß benötigen.

Bald werden Sie ganz genau spüren und wissen, wann Ihnen die Reserven ausgehen, denn dann nehmen Spannung und Müdigkeit sofort wieder zu. Wenn Sie in dieser Situation mehr konzentrierte Kohlenhydrate zu sich nehmen, werden Sie ruhiger, entspannter und haben mehr Kraft. Manchmal dauert es ein paar Tage, bevor die Vorräte wieder aufgefüllt sind. Sie werden staunen und begeistert sein, wenn Sie merken, wie sehr Sie Ihre Energie und Ihre Stimmung selbst beeinflussen können; manche Menschen erholen sich erstaunlich schnell wieder.

Eine Kohlenhydrat-Mahlzeit am Tag bekommt den meisten Leuten, die Trennkost machen, sehr gut. Besonders aktive Menschen oder Leute, die schwer körperlich arbeiten, brauchen im Allgemeinen mehr als eine solche Mahlzeit, um ihre Energie anzuheizen. Auch Kinder benötigen mehr Kohlenhydrate.

WIE VIELE KOHLENHYDRATE BRAUCHT MAN?

Bis zu vier oder fünf kleine Portionen konzentrierte
Kohlenhydrate am Tag
plus
vier bis fünf Stücke (etwa 500 Gramm) frisches Obst.
Sowohl konzentrierte Stärke aus Nahrungsmittel
als auch Fruchtzucker aus frischen Früchten
sind Kohlenhydrate; Stärke wird im Körper zu Zucker
umgewandelt.
Ernährungsmediziner empfehlen, 50 Prozent der
täglichen Kalorien sollten Kohlenhydrate aus
vollwertigen Nahrungsmitteln sein.

Vergessen Sie nicht, auf das Säure-Basen-Gleichgewicht zu achten.
Pellkartoffeln und Hirse sind Basenbildner, während Vollkornbrot, Salzkartoffeln, Naturreis und Haferflocken Säuren bilden. Deshalb sollten Sie bei jeder Mahlzeit durch reichlich Salat für Ausgleich sorgen. Eine Kohlenhydrat-Mahlzeit mit Öl oder Butter hält besser vor, weil Fett die völlige Leerung des Magens hinauszögert.

NEHMEN SIE GENÜGEND EIWEISS ZU SICH?

Eiweißmangel kann folgendes bewirken:

Schwachen Haarwuchs und
   brüchige Nägel
Trockenes, schlecht zu
   frisierendes Haar
Trockene, schuppige Haut
Rissige Fersen und Finger-
   spitzen
Vorzeitige Faltenbildung
Ständiges Hungergefühl
Verhalten von Flüssigkeit

Häufige Infektionen
Müdigkeit, Mangel
   an Energie
Schlechtes Gedächtnis
Mangelnde Konzentration
Stimmungsschwankungen
Schlechten Muskeltonus
Schwache Muskeln
Haltungsschäden
Verstopfung

Viele Menschen essen nicht genug Eiweiß, weil sie über seine Funktion im Körper zu wenig wissen. Da nur wenig Eiweiß im Körper gespeichert wird, müssen wir ihm jeden Tag eine gewisse Menge zuführen. Es ist ein wichtiger Aufbaustoff und wird zum Bau jeder Körperzelle benötigt. Der Organismus braucht es für Reparaturarbeiten, zur Erzeugung der Verdauungsenzyme, die die Nahrung aufbereiten, sowie zum Aufbau der Blutkörperchen, vor allem der weißen, die uns vor Infektionen bewahren. Lassen Sie also nicht einfach eine Eiweißmahlzeit ausfallen. Eiweißmangel wirkt sich höchst nachteilig auf den Körper aus und führt unweigerlich zu gesundheitlichen Schäden.

Wenn man täglich eine eiweißbetonte Mahlzeit zu sich nimmt, kann das die körperliche Befindlichkeit erfreulich verändern. Menschen, die antriebslos und unkonzentriert sind, könnten schon bald spüren, dass sie mehr Kraft haben und besser gelaunt sind.

WIE VIEL EIWEISS BRAUCHT MAN EIGENTLICH?

50–100 g aus konzentrierten Eiweißprodukten täglich
Fleisch – Fisch – Käse – Eier

Der individuelle Eiweißbedarf ist ganz unterschiedlich, manche Menschen kommen auch mit weniger als der hier angegebenen Menge aus. Nicht jeder ist zum Vegetarier geschaffen, für einige sind Fleisch und Fisch fast lebensnotwendig.

• Wenn man Salat zusammen mit konzentriertem Eiweiß isst, nimmt man zusätzliche Vitamine und Mineralstoffe zu sich; das fördert die Verdauung und neutralisiert die Säure
• Seltsamerweise können Schwierigkeiten bei der Eiweißverdauung manchmal mit einem niedrigen Blutzuckerspiegel zusammenhängen; und der wiederum hat mit einem Mangel an stärkereichen Nahrungsmitteln zu tun

Zu viel tierisches Eiweiß

Wir brauchen bei weitem nicht soviel Eiweiß, wie man lange Zeit angenommen hat. Produkte aus tierischem Eiweiß kann man nicht als vollwertig bezeichnen, weil sie weniger ausgewogen sind als pflanzliche Kost, beispielsweise vollwertige Getreideprodukte. Deshalb ist die Verdauung von tierischem Eiweiß auch kräftezehrender. Der Körper muss dazu die fehlenden Vitamine und Mineralstoffe aus den Körperspeichern heranziehen, vor allem Kalzium und einige Vitamine des B-Komplexes. Diese ständige Verminderung der entsprechenden Reserven aber führt zur Verschlechterung des Gesundheitszustandes, und zwar körperlich und seelisch.

Pflanzliches Eiweiß in stärkehaltigen Mahlzeiten

Bei der Trennkost stammt mindestens ein Drittel der täglichen Eiweißportion aus pflanzlichen Quellen. Natürliches pflanzliches Eiweiß aber ist, wie Sie bald erleben werden, leichter verdaulich. Eiweißhaltige pflanzliche Nahrungsmittel sind Nüsse und Samen, Erbsen, Bohnen und Avocados.

ZU WENIG ESSENZIELLE FETTSÄUREN

Das sind die Symptome eines solchen Mangelzustands:

Trockene, unreine Haut	Nervenschmerzen
Akne, Mitesser	Schmerzen in der Brust
Ekzeme, raue Haut	Schwache Abwehrkräfte
Schlechte Wundheilung	Energiemangel
Haarausfall	Hormonprobleme
Trockener Mund, Durst	Fettiges Haar
Zahnfleischbluten und	Depression
-entzündung	Psychische Beschwerden
Verdauungsprobleme	Ängste, Panik
Darmbeschwerden	Allergien

Überaktivität   Untertemperatur
Reizbarkeit   Trockene Augen
Schlafstörungen   Steife Gelenke

Essenzielle Fettsäuren sind Teil der Körperzellen, Mangel aber
führt ganz offensichtlich zu vielerlei Symptomen.

Diese Mangelerscheinung ist eine wichtige Ursache für ge-
sundheitliche Probleme, weil sich so viele Menschen über lange
Zeit fettarm ernährt haben und gar nicht wussten, dass wir bestimmte Mengen Fett einfach brauchen. Essenzielle Fettsäuren
sind in naturbelassenen, vollwertigen Nahrungsmitteln enthalten.

- Sie machen etwa 30 Prozent des Gehirns aus
- Sie dienen zur Auskleidung der Nerven
- Sie sind an der Hormonerzeugung und -regulierung beteiligt
- Sie sorgen für weiche Haut und geben dem Haar Glanz
- Sie werden als Treibstoff, für Wärme und Energie benötigt

Die essenziellen Fettsäuren, die sie enthalten, sind eigentlich
keine Säurebildner.

Wodurch kommt es zu Mangelerscheinungen?

- Fettarme Ernährung
- Diät gegen Candida
- Stark fettreduzierte Diäten gegen Allergien
- Zu viel Fett von der falschen Sorte

All diese Faktoren können zum Mangel an essenziellen Fettsäuren beitragen. Fettarme Diäten haben eigentlich den
Zweck, ungesunde Fette zu reduzieren, weil sie zum Übergewicht und zu degenerativen Erkrankungen beitragen. Kaltge-

presstes Öl aus erster Pressung und Nahrungsmittel, die von
Natur aus reich an essenziellen Fettsäuren sind, benötigt aber
jeder, ganz gleich ob er oder sie eine fettreduzierte Diät macht
oder nicht. Eine wichtige Tatsache haben Sie vielleicht noch gar
nicht gewusst; dass nämlich alle essenziellen Fettsäuren choles-
terinfrei sind.

**Die Aufnahme essenzieller Fettsäuren wird durch folgende
Essgewohnheiten blockiert:**

- Zu viel Zucker und süße Nahrungsmittel
- Zu viel gesättigte tierische Fettsäuren, vor allem aus Fleisch
  und Milchprodukten
- Hoch erhitzte Fette (Trans-Fette)
- Gehärtete Fette
- Zu viel Alkohol

HOCH ERHITZTE FETTE

Die gesättigten Fettsäuren aus tierischen Fetten, die wir aus unserer Ernährung so hartnäckig verbannen wollten, wurden vielfach durch noch viel schädlichere Fette ersetzt, die so genannten Trans-Fettsäuren. Sie gehören zum Übelsten, was wir zu uns
nehmen können. Bei ihrer Herstellung werden in komplizierten Bearbeitungsprozessen natürliche Öle vollständig denaturiert; extrem hohe Temperaturen sollen ihre Haltbarkeit erhöhen. Die ganze Vitalität eines Lebensmittels wird geopfert, um
zu verhindern, dass es verdirbt und ranzig wird. Man bezeichnet sie deshalb als Trans-Fettsäuren, weil sie es geschehen lassen, dass toxische Substanzen die Zellmembranen passieren.
Der menschliche Körper ist früher mit solchen unnatürlichen
Fettsäuren nie konfrontiert gewesen; sie kamen erst mit den industriellen Verfahren zur Nahrungsmittelherstellung und -halt-

barmachung auf. Dabei stehen diese Säuren im Verdacht, schwere Gesundheitsgefahren heraufzubeschwören.

WORIN SIND TRANS-FETTSÄUREN ENTHALTEN?

In Margarine
Billigen Pflanzenölen
Feingebäck, Kuchen, Keksen, Schokolade
Kartoffelchips und Tiefkühl-Snacks

**Das in ihnen enthaltene Fett wird auch als
»poly-ungesättigte Fettsäure« bezeichnet**

GEHÄRTETE FETTE

Man erzeugt solche Fette in höchst komplizierten industriellen Verfahren mit dem Ziel, ein haltbares, appetitlich aussehendes, gut zu handhabendes, einem echten Naturprodukt ähnliches Nahrungsmittel zu schaffen wie beispielsweise die Margarine – auch deshalb ist Butter die sicherere Alternative. Wir sind von Natur aus so beschaffen, dass wir begrenzte Mengen gesättigter Fettsäuren aus tierischen Fetten vertragen. Inzwischen werden ungehärtete Margarinen in Naturkostläden und auch schon in Supermärkten angeboten.

Braten mit Olivenöl oder Butter
Es ist sicherer, beim Kochen kein Öl aus Nüssen, Samen oder Sojabohnen zu verwenden, denn wenn man poly-ungesättigte Fette stark erhitzt, wird dieses Öl toxisch und es kommt zur Entstehung von freien Radikalen, die im ganzen Körper gesunde Zellen bedrohen.

WELCHE PRODUKTE ENTHALTEN ESSENZIELLE FETTSÄUREN?

Avocados
Frische Nüsse in der Schale
Sonnenblumen- und Kürbiskerne, Sesamsamen
Frisches Gemüse und grüner Salat

Frischer, fetter Fisch:
Hering, Makrele
Sardine
Lachs, Thunfisch, Forelle

Nicht raffinierte, kalt gepresste Öle
(möglichst aus Naturkostläden)

Frische Vollwertprodukte enthalten essenzielle Fette, weil die in ihnen enthaltenen Öle frisch und naturbelassen sind.

SO WIRD DER MANGEL BEHOBEN

Olivenöl aus erster Pressung
(einfach ungesättigte Fettsäuren)
1–2 Esslöffel täglich

Nicht raffiniertes Distel- oder Sonnenblumenöl
(mehrfach ungesättigte Fettsäuren)
1 Teelöffel täglich

Viele Menschen leiden nach Jahren einseitigen Essens unter einem solchen Mangel, dass er aus der Nahrung allein nicht zu beheben ist.

In welcher Form nimmt man das Öl am besten zu sich?

- Mit Butter oder einem anderen Aufstrich mischen, damit das Ganze streichfähig wird. Es macht belegte Brote saftiger.
- Wie in den Mittelmeerländern Brotstückchen hineintauchen
- In Suppen und Getreidebrei einrühren
- In Reisgerichte mischen
- Für Mayonnaise oder Marinaden verwenden
- Mit Fruchtsaft oder Wasser in einem Schraubdeckelglas schütteln. Es verliert die ölige Konsistenz und lässt sich gut trinken oder zum Salat verwenden.

Kalt gepresste Öle sind anfangs etwas gewöhnungsbedürftig, doch Sie werden sie bald genießen. Distelöl ist milder als Sonnenblumenöl und enthält auch mehr mehrfach ungesättigte Fettsäuren.

Mehrfach ungesättigte Fettsäuren in Ölen aus Nüssen und Samen müssen, wenn sie einmal geöffnet sind, kühl gestellt werden. Sie sind lichtempfindlich wie alle anderen Öle auch.

Olivenöl aus erster Pressung eignet sich gut zum Kochen und Braten. Man kann es bei Zimmertemperatur aufheben.

Nachtkerzenöl kann man in Form von Kapseln an Stelle von Distel- oder Sonnenblumenöl einnehmen. Es wirkt beruhigend und entspannend. Man nimmt es allein oder zusammen mit Fischtran.

Leinsamen eignen sich bestens als Ergänzung des Frühstücks. Man bekommt sie auch zerstoßen und luftdicht verschlossen, damit sie länger haltbar sind.

Leinöl, also das Öl aus Lein- oder Flachssamen, kann man statt Fischtran in einer Menge von 2–4 Teelöffeln täglich zu sich nehmen. Es ist vielleicht noch gar nicht so bekannt, dass

Leinöl – ebenso wie Nachtkerzenöl – auch sonst wirksam ist (dank Leinöl brachte ich erstmals Spannkraft in meine Haare). Öl in Flaschen ist viel billiger und effektiver als die Kapseln. Man bekommt es in Apotheken, Drogerien und Naturkostläden.

ÜBERPRÜFEN SIE IHRE ERNÄHRUNG
Gesamtkalorienmenge etwa 1800–2200

FLÜSSIGKEIT
1–2 Liter

KONZENTRIERTES EIWEISS
60–120 g täglich

KONZENTRIERTE KOHLENHYDRATE
bis 5 Portionen täglich

FRISCHES OBST
5 Stück oder etwa 500 Gramm

SALAT UND ROHKOST
mindestens 250 Gramm

WERTVOLLE ÖLE
Olivenöl aus erster Pressung: 1–2 Esslöffel
nicht raffiniertes Distel- oder Sonnenblumenöl:
1 Teelöffel

Tierische Fette einschränken

einschließlich Milchprodukten, vor allem Käse und Sahne.

Hier handelt es sich um einen Tagesplan, den jeder nach seinen Bedürfnissen variieren kann.

Stellen Sie sich Ihre Mahlzeiten zusammen

Wenn Sie mit der Trennkost anfangen, können Sie zunächst auf die Menüs und Mahlzeiten zurückgreifen, die auf Seite 159 ff. aufgelistet sind. Früher oder später aber kommen Sie sicher dahin, sich Ihre Mahlzeiten selbst zusammenzustellen; dabei kann Ihnen dieses Kapitel gute Dienste leisten. Machen Sie sich am Anfang keine Sorgen, die Kombinationen könnten nicht ganz genau stimmen, halten Sie sich vor allem an die Kombinationskreise auf den folgenden Seiten.

Außerdem finden Sie am Ende dieses Kapitels eine Nahrungsmittelliste mit dazugehöriger Kodierung. Darin können Sie alle wichtigen Lebensmittel nachschlagen und zugleich feststellen, ob sie zu einer basischen Mahlzeit, einem Eiweißgericht oder einem Kohlenhydratgericht passen. Benutzen Sie die Blanko-Planeinteilung am Kapitelende, um sich die Mahlzeiten für eine Woche einzutragen.

Wenn Sie eine ganze Familie zu versorgen haben, lohnt sich wahrscheinlich ein ganzes Trennkost-Rezeptbuch für Sie.

TÄGLICH

mindestens

eine basische oder neutrale Mahlzeit

eine Kohlenhydrat-mahlzeit

eine Eiweiß-mahlzeit

Kleine Imbisse aus der Liste der Neutralen

Keine Mahlzeit auslassen!

NEUTRALE NAHRUNGSMITTEL

Sie passen sowohl zu Kohlenhydrat-
wie zu Eiweißmahlzeiten.

Man kann sie auch zwischendurch als kleinen Snack essen:
Gemüse – roh oder gekocht
nicht aber Kartoffeln
Salate
Fette und Öle
einschließlich Butter, Sahne und fettem Käse
Kräuter und Gewürze

*   *   *

Weintrauben
Nüsse und Samen
Trauben enthalten viel Fruchtzucker.
In Nüssen stecken 10–25 Prozent Eiweiß.
Sonnenblumen- und Kürbiskerne enthalten ebenfalls
25 Prozent Eiweiß – *deshalb in kleinen Portionen
genießen*

**Abgesehen von Ölen und Fetten wirken alle diese
Nahrungsmittel als Basenbildner.**

EIWEISSMAHLZEITEN

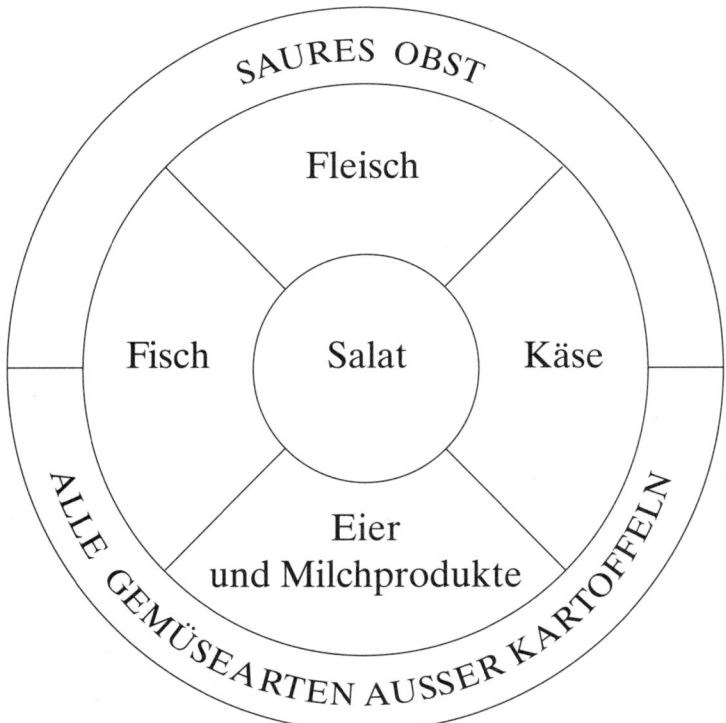

EIWEISSMAHLZEITEN

Denken Sie daran:
Nur konzentrierte Eiweißprodukte werden ausschließlich
zu den Eiweißmahlzeiten gegessen:
Fleisch, Fisch, Eier und Käse

*   *   *

Alle Gemüse außer Kartoffeln sind erlaubt.
Essen Sie noch mehr Gemüse,
wenn Ihnen die Kartoffeln abgehen.

Nicht vergessen:
kein Brot, keine Nudeln, kein Reis und kein Getreide!

Es ist nicht schwer, solche Eiweißmahlzeiten zuzubereiten. Fleisch kommt in derselben Zubereitung auf den Tisch wie bisher, allerdings ohne Kartoffeln. Sie werden sehen, eine solche Mahlzeit ist leichter und erfrischender. Sie fühlen sich danach keineswegs träge und müde, sondern sind aktiv und tatendurstig.

Für bessere Verdauung:
- Nur ein konzentriertes Eiweißprodukt pro Mahlzeit
- Zum konzentrierten Eiweiß viel Salat
- Nicht vergessen: Der Körper speichert nur ganz wenig Protein, deshalb darf keine Eiweißmahlzeit ausfallen, wir brauchen sie täglich.

WAS IST EIGENTLICH KONZENTRIERTES EIWEISS?

Konzentriertes Eiweiß ist *tierisches* Eiweiß.
Konzentrierte Eiweißprodukte enthalten 20 Prozent Eiweiß oder mehr. Doch stecken in ihnen auch Fett, Wasser und andere Nährstoffe.

* Gemüse, Getreide, Milch und Joghurt enthalten ebenfalls Eiweiß, aber nur in kleineren Mengen.
* Getrocknete Bohnen, Erbsen und Linsen sind keine konzentrierten Eiweißprodukte. Deshalb isst man Hülsenfrüchte besser zu Kohlenhydratmahlzeiten, kann sie aber auch gelegentlich zur Ergänzung von Eiweißmahlzeiten verwenden.

Welche Produkte passen zur Eiweißmahlzeit?

Fisch
Käse
Saure Früchte
Fleisch
Eier

Saure Früchte zu Eiweißmahlzeiten

Sie enthalten zwar kein Eiweiß, brauchen aber zur Verdauung, wie die Eiweißprodukte, ein saures Milieu.

ZUM SAUREN OBST GEHÖREN ALLE FRÜCHTE, DIE NICHT AUF DER KOHLENHYDRATLISTE STEHEN.

Auch getrocknete *saure* Früchte – Aprikosen, Pfirsiche, Ananas – werden nur zur Eiweißmahlzeit gegessen.
Melone genießt man am besten zwischendurch und ganz für sich, sie passt nicht gut zu anderen Nahrungsmitteln.

Verzehrt man saure Früchte zusammen mit stärkehaltigen Nahrungsmitteln, kommt es oft zu Blähungen und Winden.

Folgende Milchprodukte passen zu Einweißmahlzeiten:

- Hartkäse mit weniger als 45% Fett i.Tr.
- Magerer Weichkäse
- Hüttenkäse

Essen Sie Hartkäse nicht in größeren Mengen. Verzichten Sie auf industriell hergestellten Käse, günstiger ist Rohmilchkäse.

NUR DIE HIER GENANNTEN KÄSE SIND
KONZENTRIERTE EIWEISSPRODUKTE.

Andere Milchprodukte sind weniger konzentrierte Nahrungsmittel, doch auch sie vertragen sich mit Eiweißgerichten, während sie zusammen mit Kohlenhydratmahlzeiten weniger leicht verdaulich sind. Zu ihnen gehören:

Milch
Joghurt
Frischkäse

Denken Sie daran, dass Butter, Sahne und vollfette Frischkäse neutral wirken, sie bestehen zum überwiegenden Teil aus Fett.

Von Milchprodukten nicht zu viel!

Von würzigen Hartkäsen braucht man nicht viel. Eine dünne Schicht geriebener Käse genügt schon zur Geschmacksverbesserung.

- Quark hat keinen sehr hohen Eiweißanteil und enthält wenig Fett (es gibt Magerquark, Quark mit 20% Fett, Sahnequark); er lässt sich gut als Sahne-Ersatz verwenden.

KOHLENHYDRATMAHLZEITEN

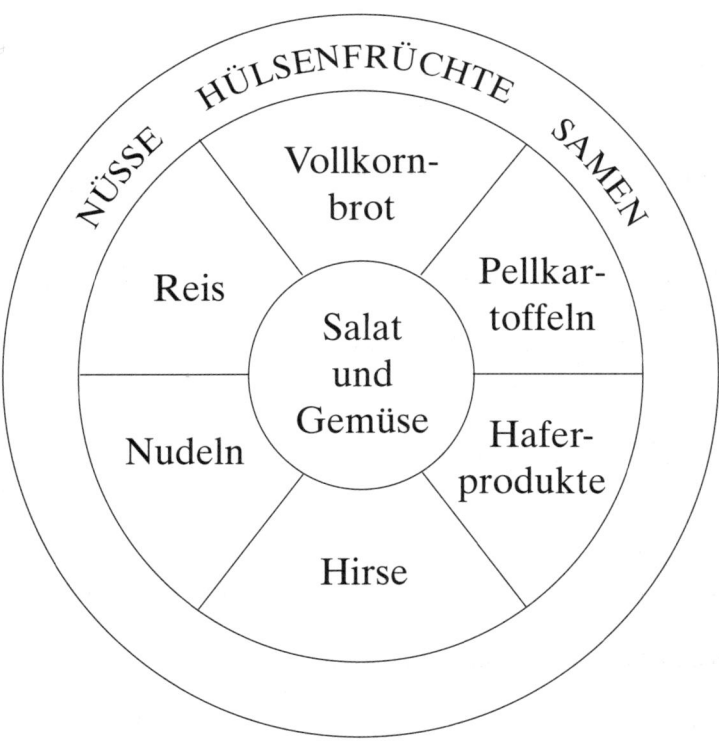

KOHLENHYDRATMAHLZEITEN

Vegetarische Mahlzeiten etwas anders

Keinen Hart- oder Weichkäse mit niedrigem Fettgehalt,
keinen Joghurt, keine Milch;
vom Ei ist nur Eigelb erlaubt

*   *   *

Alle Gemüse
Salate aller Art
Nüsse und Samen

*   *   *

Kartoffeln und Getreide
einschließlich Hirse,
Vollkornbrot, Vollkornnudeln, Naturreis,
alle anderen Getreide

*   *   *

Butter, Sahne, fette Frischkäse (möglichst Rohmilchkäse)
passen gut dazu, weil sie nur wenig Eiweiß enthalten

Milch verträgt sich nicht besonders gut mit Eiweißgerichten, oft lässt sie sich durch eine kleine Portion Sahne ersetzen.

Denken Sie daran, dass sich nur *konzentrierte* Kohlenhydratprodukte für die Kohlenhydratmahlzeiten eignen, die die Trennkost vorsieht.

- Konzentrierte Kohlenhydratprodukte enthalten mindestens 20 Prozent Kohlenhydrate. Auch im Gemüse stecken Kohlenhydrate, aber nur in kleineren Mengen.
- Alle Getreide mit Ausnahme von Hirse sind Säurebildner

Solche Kohlenhydratgerichte sind am Anfang sicher nicht jedermanns Sache, doch Sie werden sicher ganz schnell herausfinden, wie man sie anreichern kann, damit sie nicht nur bekömmlich, sondern auch interessant und wohlschmeckend sind. Ab Seite 159 finden Sie viele Vorschläge für solche Mahlzeiten.

Nur süßes Obst passt zu Kohlenhydratgerichten

Das hat damit zu tun, dass sie viel Fruchtzucker enthalten, obwohl sie selbst keine konzentrierten Kohlenhydratprodukte sind. Sowohl Zucker als auch Stärke sind Kohlenhydrate, da Stärke ja im Körper zu Zucker umgebaut wird.

- Datteln, Feigen und sehr süße Weintrauben bestehen bis zu 50 Prozent aus Zucker
- Eine vollreife Banane enthält soviel Süße wie drei Teelöffel Fruchtzucker
- Zwar haben Karotten, Zwiebeln und Pastinaken einen beträchtlichen Zuckeranteil; doch ist er nicht so hoch, dass man sie nicht zu Mahlzeiten jeder Art essen könnte
- Statt Zucker bei Bedarf (aber sehr sparsam) mit etwas Honig oder Ahornsirup süßen
- Auf künstliche Süßstoffe verzichten – sie sind unerwünschte chemische Zusätze

In früheren Zeiten war Zucker teuer und wurde deshalb nur wie ein Gewürz verwendet. Lernen Sie, Ihre Gerichte *natürlich* zu süßen (siehe Seite 144).

Zucker und süße Nahrungsmittel sind nicht zu empfehlen, doch wenn Sie gelegentlich etwas Süßes essen wollen, sollten Sie daran denken, dass es nur zu Kohlenhydratmahlzeiten passt.

Eiweiß aus Gemüse passt auch zu Kohlenhydratmahlzeiten

Gemüse ist nämlich kein konzentriertes Eiweißnahrungsmittel.

Warum Hülsenfrüchte zu Kohlenhydratmahlzeiten?
In traditionellen Gerichten vieler Länder findet man die Kombination von Getreide und Hülsenfrüchten und natürlich beziehen Vegetarier wie auch die noch strengeren Veganer das nötige Eiweiß aus solchen Gerichten. Auch in Dr. Hays Ernährungsvorschlägen finden sich Gerichte, die Hülsenfrüchte und Kohlenhydrate enthalten. Für manche Menschen sind sie schwer verdaulich; auch wenn Sie sie gut vertragen, sollten Sie Hülsenfrüchte nur in Maßen essen, denn sie sind stärkere Säurebildner als Getreide.

TROCKENE HÜLSENFRÜCHTE

Erbsen, Bohnen, Linsen: Sie bestehen zu einem Großteil aus Kohlenhydraten; das Eiweiß macht nur 5 Prozent ihrer Inhaltsstoffe aus.
Für eine komplette Eiweißmahlzeit: Fünf Esslöffel vollwertiges Getreide auf einen Esslöffel Hülsenfrüchte. Frisch gekochte Hülsenfrüchte sind natürlich wesentlich wertvoller als Dosenware.

Vollwertiges Getreide und Bohnen ergeben eine gute Kombination. Sie sind nahrhaft und stabilisieren den Blutzuckerspiegel.

- Bohnen in Tomatensauce aus der Dose liefern zwar zusammen mit Vollkorntoast eine Eiweißmahlzeit für Vegetarier, doch kann eine solche Mahlzeit wirklich nur ein Kompromiss sein.
- Frische Hülsenfrüchte, also beispielsweise grüne Bohnen oder Erbsenschoten, sind übrigens Basenbildner und viel leichter verdaulich. Sie passen zu jeder Mahlzeit.

Kohlenhydratmahlzeiten wertvoller machen

Nahrungsmittel mit tierischem Eiweiß, darunter auch Milchprodukte, liefern vollwertiges Eiweiß, weil sie alle seine Bestandteile, nämlich einen kompletten Satz von 22 Aminosäuren, enthalten, die der Körper braucht.

Das im Gemüse enthaltene Eiweiß ist nicht vollständig
- Acht der 22 Aminosäuren kann unser Körper nicht selbst herstellen und im pflanzlichen Eiweiß fehlen immer einige von diesen acht.
- Man kann aber verschiedene Nahrungsmittel so kombinieren, dass die in einem fehlenden Aminosäuren in einem anderen enthalten sind. Schon eine kleine Menge tierisches Eiweiß kann das Eiweiß eines pflanzlichen Nahrungsmittels wertvoller machen.

Auf diese Weise kombinierte Mahlzeiten sind viel bekömmlicher und leichter verdaulich als reine Eiweißmahlzeiten. Sättigende Gerichte aus Getreide und Bohnen sind vor allem dann günstig, wenn jemand unter einem zu niedrigen Blutzuckerspiegel leidet. Machen Sie sich aber auch keine Sorgen, wenn die Kombinationen nicht immer ganz ideal sind. Ernährungsspezialisten sind der Meinung, dass uns ein kleiner Vorrat von Aminosäuren zur Verfügung steht, mit denen bei Bedarf das nicht ganz vollwertige pflanzliche Eiweiß ergänzt und angereichert wird.

Der Grund, warum Eiweiß aus hochwertigem, natürlich erzeugtem, frischem Gemüse besonders leicht zu verdauen ist, liegt darin, dass sie Teil eines vollwertigen, in sich ausgewogenen Nahrungsmittels sind und sich dadurch von Produkten wie Käse und Fleisch unterscheiden. Wir brauchen eine vielfältige Ernährung, um sicherzustellen, dass wir tatsächlich die zur Deckung unseres Bedarfs nötige ganze Palette der Aminosäuren zu uns nehmen.

Soja passt auch zu Kohlenhydratmahlzeiten

Das einzige vollwertige pflanzliche Eiweiß liefert uns die Sojabohne. Wir essen es zusammen mit Kohlenhydratmahlzeiten, weil es doch kein konzentriertes Eiweiß ist.

Gesunde Sojaprodukte
Sojamilch, Sojabohnen, Tofu
- Sojamilch enthält 4 Prozent Eiweiß. Achten Sie darauf, dass sie ungesüßt ist. Sie enthält aber weniger Kalzium als Kuhmilch.
- In gekochten Sojabohnen stecken etwa 10 Prozent Eiweiß. Sie sollten sie mit einer würzigen Sauce servieren, um sie schmackhafter zu machen.
- Sojabohnen in Konserven sind nur ein Notbehelf, wertvoller sind sie frisch zubereitet.

Tofu
Tofu ist ein wichtiger Bestandteil der Ernährung von Veganern und vor allem in Ostasien beliebt. Man bekommt ihn in festen weißen Stücken oder als cremige, streichfähige Masse. Er hat keinen Eigengeschmack wie Käse aus Kuhmilch, sondern

schmeckt ziemlich fad; doch nimmt er den Geschmack anderer Nahrungsmittel und Gewürze sehr gut auf, ist vielseitig verwendbar und besonders nahrhaft.

- Tofu besteht zu 7-10 Prozent aus Eiweiß
- Er enthält reichlich Kalzium

Man kann aus Tofu süße und pikante Gerichte zubereiten. In vielen Vollwertkochbüchern sind ausgezeichnete Tofu-Gerichte zu finden und auch der eigenen Fantasie sind im Umgang mit Tofu kaum Grenzen gesetzt.

Zu Kohlenhydratmahlzeiten ist Sojamilch besser als Kuhmilch. Manche Leute stellen fest, dass es für ihre Verdauungstätigkeit günstiger ist, Getreideprodukte mit Sojamilch statt mit Kuhmilch zu essen. Letztere kann zusammen mit Kohlenhydraten gären und das führt dann zu Verdauungsstörungen oder Blähungen.
- Wenn Sie Sojamilch nicht mögen und Kuhmilch zu Getreideprodukten gut vertragen, können Sie ruhig dabei bleiben
- Auch Sojamilch und Tofu sind keine naturbelassenen, sondern behandelte Produkte und sollten nicht zu reichlich gegessen werden. Auch verträgt sie nicht jeder.
- Eine weitere Möglichkeit ist übrigens Reis-»Milch«
Gesunde Sojaprodukte bekommt man in Naturkostläden und manchen Supermärkten.

KOHLENHYDRATMAHLZEITEN

Ergänzt mit vollwertigem Eiweiß

Kombinieren Sie das Nahrungsmittel, das in jedem Kästchen oben angegeben ist, mit einem oder mehreren der anderen Produkte.

REIS + Bohnen, Erbsen, Linsen Nüsse Salat, Rohkost	HAFERFLOCKEN + Sojamilch Nüsse, Samen
VOLLKORNBROT + Nussbutter und Tahini Bohnen Tofu Linsensuppe Erbsensuppe	HIRSE + Bohnen, Erbsen, Linsen Nüsse, Samen Rohkost Salat Sojamilch, Tofu
ROHES GEMÜSE UND SALAT + Reis, Hirse Pilze Paranüsse Sesamsamen, Tahini	KARTOFFELN + Sojamilch ZUCKERMAIS + Bohnen
MANDELN + Haselnüsse, Walnüsse Sonnenblumenkerne Kürbiskerne	VOLLKORNGETREIDE + Sojamilch Nüsse, Samen

BASEN BILDENDE MAHLZEITEN

Salat-Menüs

Rohkost und Salat liefern die Grundlage für diese Mahlzeiten. Sie lassen sich mit jedem der folgenden Nahrungsmittel kombinieren:

Naturjoghurt
frisches oder getrocknetes Obst
Mandeln, Haselnüsse, Paranüsse, Pinienkerne; alle anderen Nüsse sind Säurebildner
Sonnenblumen- und Kürbiskerne

WICHTIG

- Nur rohe, nicht wärmebehandelte Milch wirkt alkalisch; pasteurisierte Milch ist ein Säurebildner
- Man kann zu dieser Mahlzeit auch Gemüsesuppe (ohne Kartoffeln) essen
- Nur frische oder gekeimte Bohnen verwenden
- Getrocknete Hülsenfrüchte sind Säurebildner, während gekeimte Bohnen oder Erbsen basisch wirken und sehr nahrhaft sind – »Super«-Nahrungsmittel sozusagen

Basen bildende Kohlenhydratmahlzeiten

Die Mahlzeit sollte aus Pellkartoffeln oder Hirse bestehen und durch ein Basen bildendes Nahrungsmittel ergänzt werden, allerdings nicht durch Joghurt.
Auch gekochtes Gemüse und Gemüsesuppe sind möglich.
Nur *süßes Obst* wie Bananen, reife Birnen, süße Weintrauben, Datteln und Feigen.

ACHTUNG

Vielleicht brauchen Sie täglich mehr als eine Kohlenhydrat-
mahlzeit, damit Ihr Blutzuckerspiegel stabil bleibt.

Basenbildner haben den Löwenanteil

Eine Mahlzeit aus Basenbildnern sorgt dafür, dass wir ausreichend basisch wirkende Nahrungsmittel zu uns nehmen. Wenn
Sie zu einer solchen Mahlzeit nicht kommen, sollten Sie durch
reichlich frisches Obst, Gemüse und Salat zu jeder Mahlzeit
einen Ausgleich schaffen. Je mehr Basenbildner die Nahrung
enthält, desto besser und schneller haben Sie ein Ergebnis.
Doch muss die Ernährung ausgewogen sein, *machen Sie deshalb nicht den Fehler, nur Basen bildende Nahrungsmittel zu essen.*

- Fette und Öle sind neutral, können aber durchaus mit Basen
  bildenden Nahrungsmitteln kombiniert werden
- Frisches Obst und Salat vor einer warmen Mahlzeit sorgen
  für gute Verdauung und mindern die Gefahr allergischer Reaktionen
- Nüsse und Samen sind zusammen mit Obst oder Salat leichter verdaulich. Wenn man sie in Wasser einweicht und über
  Nacht in den Kühlschrank stellt, werden sie besonders frisch,
  glatt und zart.

Kohlenhydrate als Basenbildner

- Pellkartoffeln sind nur dann Basenbildner, wenn die Schale
  mitgegessen wird, weil die wichtigen Mineralstoffe unmittel-
  bar unter der Schale liegen. Geschälte Kartoffeln sind Säurebildner.
- Hirse ist die einzige Getreideart, die als Basenbildner wirkt.
  Sie bildet deshalb einen gewichtigen Bestandteil der Hay'

BASEN BILDENDE MAHLZEITEN

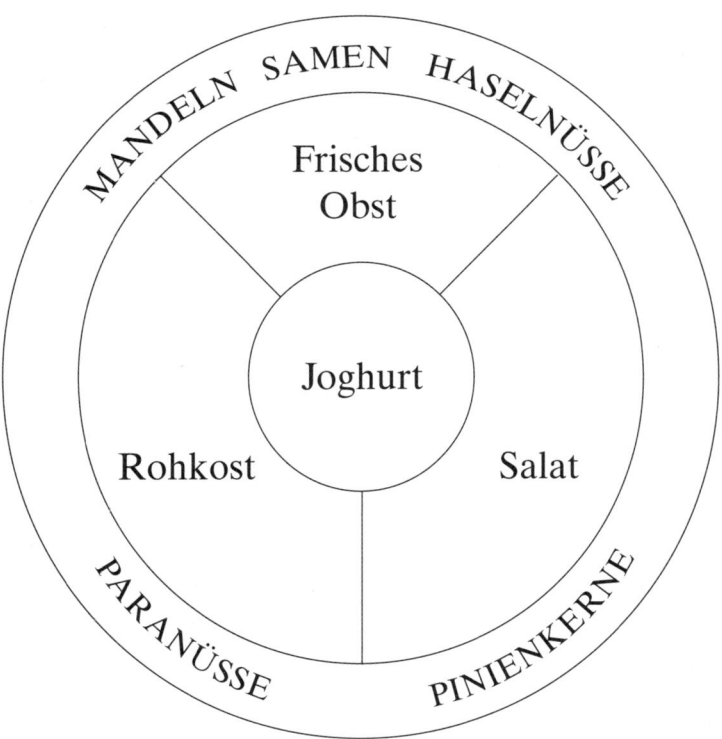

schen Trennkost und sorgt mit dafür, dass die Säure-Basen-Bilanz im Gleichgewicht ist. Hirsegerichte schmecken noch dazu besonders angenehm. In Vollwertkochbüchern finden Sie zahlreiche interessante Hirserezepte.

- Aus Hirseflocken kann man wohlschmeckenden Brei oder Müsli zubereiten. Sie sind ähnlich wie Haferflocken, nur leichter. Man bekommt sie in Naturkostläden oder quetscht sie selbst.

BASEN BILDENDE KOHLENHYDRAT-MAHLZEITEN

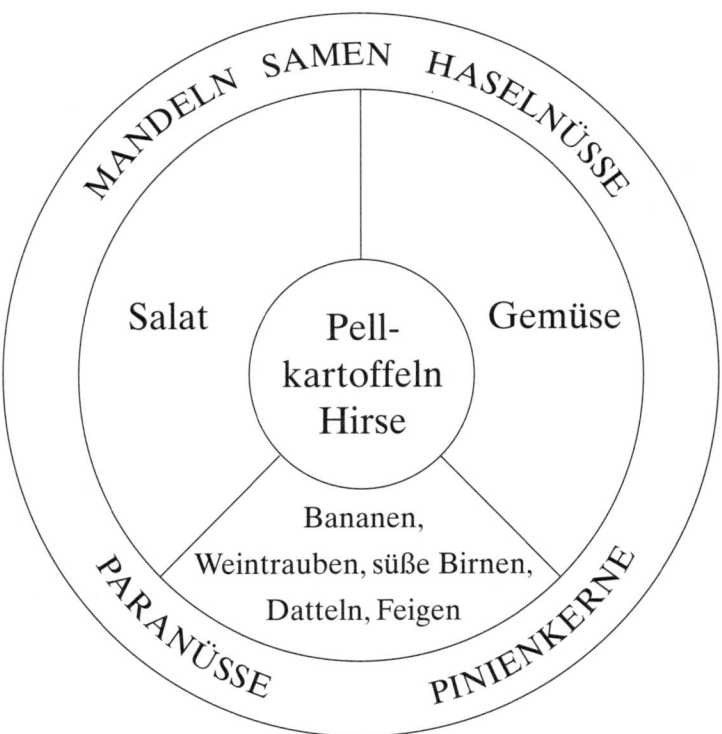

SCHRITTE ZU EINEM NEUEN LEBEN

1. Keine Nahrungsmittel kombinieren, die nicht zusammen-passen

Konzentrierte Kohlenhydrate von konzentriertem Eiweiß trennen.

Saure Früchte zu Eiweißmahlzeiten essen.

Süßes Obst und Zucker (sparsam!) zu Kohlenhydratmahl-zeiten essen.

2. Auf industriell hergestellte und behandelte Produkte ver-zichten

Lieber auf vollwertige Nahrungsmittel zurückgreifen.

Zwischendurch auf Zucker und Süßspeisen ganz verzichten.

Nahrungsmittel natürlich süßen.

Nahrungsmittel mit chemischen Zusätzen unbedingt mei-den.

3. Frisches Obst, Salat und Rohkost

Sie sollten mindestens 50 Prozent der Nahrung ausmachen.

4. Lieber mehr natürliche Getränke

Weniger Kaffee und Alkohol trinken, wenn Sie bisher zu viel des Guten genossen haben.

KOMBINATIONSTABELLE
ZUR HAY'SCHEN TRENNKOST

Kohlenhydrate und Eiweiß trennen

kombinieren		kombinieren
KOHLENHYDRAT-MAHLZEITEN	NEUTRALE NAHRUNGSMITTEL	EIWEISSMAHL-ZEITEN
Kartoffeln * Alle Getreidearten: Brot, Reis, Nudeln * Getrocknete Bohnen, Erbsen und Linsen * Sojamilch, Tofu * Eigelb * Bananen Süße Birnen Weintrauben Datteln, Feigen * Honig (nur wenig)	Gemüse (außer Kartoffeln) * Salate und Kräuter * Nüsse und Samen * Fette und Öle: Butter, Sahne, Frischkäse vollfetter Käse (ab 45% Fett i.Tr.)	Fleisch und Fisch * Ganze Eier * Hartkäse und Weichkäse (weniger als 45% Fett i.Tr.) * Alle Früchte (außer den süßen in der Kohlenhydratspalte)

NEUE KOMBINATIONEN	
SELTEN ODER NIE	STATTDESSEN
Käsebrote (Magerkäse)	Vollkornbrötchen mit Banane
Fleisch- und Wurstbrote	Sandwich mit Salat und Tomate
Apfelkuchen	Fruchtsalat mit Sahnequark
Fleischtorten oder -pasteten	Gemüseauflauf
Fleisch mit Pommes frites	Steak mit Pastinakengemüse
Nudeln mit Fleischsauce	Kartoffelauflauf mit Wurzelgemüse
Fleisch mit Reis	Nudeln mit Pilzsauce
Makkaroniauflauf mit Schinken	Curryreis mit Gemüse und Mandeln
Schinkeneier auf Toast	Überbackener Blumenkohl
Kartoffelauflauf mit Ei	Ananasscheiben mit Käse gratiniert
Fisch und Salzkartoffeln	Rührei mit Käse überbacken
Hamburger mit Brötchen	Gebratener Fisch mit Salat
	Gemüsefrikadellen mit Vollkornbrot

WELCHE GETRÄNKE ZU WELCHER MAHLZEIT?

GETRÄNK	KOHLENHYDRATE	EIWEISS	BASENBILDNER
Tee	•	•	
Kaffee	•	•	
Kräutertee	•	•	•
Sojamilch	•		
Fruchtsäfte		•	•
Gemüsesäfte	•	•	•
Wasser	•	•	•

Milch trinkt man am besten zwischen den Mahlzeiten
oder zusammen mit verschiedenen Früchten
zum Frühstück.

ZU WELCHER MAHLZEIT KANN MAN ALKOHOL TRINKEN?		
ALKOHOL	KOHLENHYDRATE	EIWEISS
Süße Weine	•	
Bier	•	
Likör	•	
Apfelwein		•
Trockene Weine		•
Spirituosen	•	•

Süße Weine und Likör können Schwankungen des Blutzuckerspiegels hervorrufen.

NAHRUNGSMITTELLISTE
Zu Kohlenhydrat- oder Eiweißmahlzeiten?

K = Kohlenhydrate   E = Eiweiß   N = Neutral
+ = Basenbildner   – = Säurebildner

Ananas	E	+	Ente	E	–
Äpfel	E	+	Erbsen, frisch	N	+
Aprikosen	E	+	Erbsen, getrocknet	K	–
Artischocken	N	+	Erdbeeren	E	+
Auberginen	N	+	Erdnüsse (m.Schalen)	K	–
Avocado	N	+	Feigen	K	+
Backpflaumen	P	–	Fisch	E	–
Bambussprossen	N	+	Gerste	K	–
Bananen	K	+	Granatäpfel	E	+
Birnen, frisch	E	+	Grapefruit	E	+
Birnen, getrocknet	K	–	Grünkohl	N	+
Blumenkohl	N	+	Gurken	N	+
Bohnen, frisch	N	+	Hafer	K	–
Bohnen, getrocknet	K	–	Haferkleie	N	–
Bohnensprossen	N	+	Haselnüsse	N	+
Brokkoli	N	+	Himbeeren	E	+
Brombeeren	E	+	Hirse	K	+
Brot	K	–	Huhn	E	–
Brunnenkresse	N	+	Joghurt	E	+
Cashewkerne	N	–	Johannisbeeren, schw.	E	+
Chicoree	N	+	Kabeljau	E	–
Chinakohl	N	+	Kartoffeln (geschält)	K	–
Datteln	K	+	Kartoffeln (m.Schale)	K	+
Dicke Bohnen	N	+	Käse (über 45% Fett)	N	N
Eier, ganze	E	–	Käse (unter 45% Fett)	E	–
Eigelb	N	–	Käse, Hüttenkäse	E	–
Endivie	N	+	Käse, Rahmkäse	N	N

Kichererbsen	E	–	Passionsfrüchte	E	+
Kirschen	E	+	Pastinaken	N	+
Kiwi	E	+	Pekannüsse	N	–
Klementinen	E	+	Pfirsiche	E	+
Knoblauch	N	+	Pflaumen	E	–
Kohlrabi	N	+	Pilze	N	+
Kohlrüben	N	+	Pinienkerne	N	+
Kokosnuss	N	–	Pistazien	N	–
Kopfkohl	N	+	Porree	N	+
Kopfsalat	N	+	Quinoa	K	–
Krabben	E	–	Rettich	N	+
Kresse	N	+	Rhabarber	E	–
Kürbiskerne	N	+	Rindfleisch	E	–
Leinsamen	N	+	Roggen	K	–
Limonen	E	+	Rosinen	N	+
Linsen	K	–	Rote Bete	N	+
Litschis	N	+	Sahne	N	N
Loganbeeren	E	+	Samen, gekeimte	N	+
Mais	K	–	Sellerie	N	+
Mandarinen	E	+	Sesamsamen	N	+
Mandeln	N	+	Sonnenblumenkerne	N	+
Mangos	P	+	Spargel	N	+
Maronen	K	–	Spinat	N	+
Möhren	N	+	Squash	N	+
Muscheln	E	–	Stachelbeeren	E	+
Naturreis	K	–	Stangenbohnen	N	+
Nektarinen	E	+	Sultaninen	N	+
Okras	N	+	Süßkartoffeln	K	+
Oliven	N	+	Tofu	K	–
Papayas	E	+	Tomaten (in Dosen)	E	–
Paprika	N	+	Tomaten, frisch	N	+
Paradiesfeigen	K	+	Walnüsse	N	–
Paranüsse	E	+	Weintrauben, normal	E	+

Weintrauben, süß	K	+	Zucchini	N	+
Weiße Rüben	N	+	Zuckermais, frisch	N	+
Weizenkleie	E	–	Zwiebeln	N	+
Zitronen	E	+			

TRENNKOST-MENÜPLAN			
TAG	FRÜHSTÜCK	MITTAGESSEN	ABENDESSEN
Montag			
Dienstag			
Mittwoch			
Donnerstag			
Freitag			
Samstag			
Sonntag			

Am besten Naturkost

Vollwertige, natürliche Ernährung bringt es mit sich, dass man etwas mehr Zeit in der Küche verbringen muss, doch wenn man sich einmal entschlossen hat und einigermaßen fit ist, bringt man diese Zeit bald wieder ein. Schon am Ende des ersten Monats wacht man viel früher auf, hat einen klaren Kopf und fühlt sich voller Tatendrang. Dann hat sich die kleine Zeitinvestition bereits gelohnt.

PRODUKTLISTE INDUSTRIELL ERZEUGTER UND HALTBAR GEMACHTER NAHRUNGSMITTEL

Brühwürfel sind meist salzig und enthalten häufig Glutamat, das allergische Reaktionen auslösen kann.

Corned beef enthält Konservierungsstoffe und ist stark gesalzen.

Cornflakes sind industriell gefertigt und enthalten oft viel zu viel Zucker.

Dosenfleisch aller Art ist oft stark gesalzen. Auf Zusätze achten!

Dosensuppen sind salzig und enthalten oft Glutamat zur Geschmacksverbesserung. Nur solche Dosen verwenden, in denen weder künstliche Farbstoffe noch Konservierungsmittel enthalten sind.

Essig ist besonders sauer; Zitronen- und Limonensaft sind günstiger.

Fleisch- und Wurstwaren in Verpackungen enthalten oft Zusätze und viel Salz. Aufschrift sorgfältig lesen!

Fruchtjoghurt enthält meist Zuckerzusätze.

Gewürzte Speisen sind starke Säurebildner.

Magerjoghurt ist oft mit Süßstoff gesüßt.

Mayonnaise und andere Salatdressings: Meist ist das Öl darin industriell erzeugt und nicht kalt gepresst; Salatsaucen sollte man aus kalt gepresstem Öl und Zitronensaft oder gutem Essig selber machen.

Mixed Pickles sind sehr sauer und meist stark gesalzen.

Reis- oder Milchpuddings in Bechern: Sie enthalten Zucker, das Getreide ist denaturiert; außerdem eignen sich Milch und Getreide in Kombination nicht für die Trennkost.

Saucenpulver ist sehr salzig und enthält chemische Farbzusätze.

Speck, Schinken, Kassler: Werden aus Schweinefleisch erzeugt und sind oft behandelt und umgerötet, damit sie schön rosa aussehen.

Suppen und Saucen aus der Tüte sind oft stark gesalzen und durch industrielle Fertigung denaturiert.

Tiefkühlkost: Manche Vitamine werden schon beim Blanchieren zerstört; während der Lagerzeit und beim Kochen reduzieren sie sich weiter. Trotzdem ist Tiefkühlkost ein wichtiger Bestandteil unserer Ernährung und besser geeignet als Dosenware.

Tomaten in der Dose sind Säurebildner.

Weißer Grieß: Besser Vollkorngrieß verwenden.

Wurst: Enthält oft Zusatzstoffe.

Warum sind industriell gefertigte Nahrungsmittel so viel länger haltbar?

Verpackte und konservierte Nahrungsmittel und Getränke, die im Kühlschrank oder sogar bei Zimmertemperatur unnatürlich lange frisch bleiben, verderben nur deshalb nicht, weil in ihnen keine Vitalstoffe mehr, dafür aber reichlich Konservierungsmittel enthalten sind.

HANDELSÜBLICHE GETRÄNKE

Cola-Getränke enthalten Koffein, Karamelfarbstoff und Phosphorsäure, außerdem viel zu viel Zucker.

Fruchtsäfte enthalten neben Zucker auch Konservierungsmittel.

Light-Drinks: Denken Sie daran, dass künstliche Süßstoffe chemische Zusätze sind.

UMSCHALTEN AUF
NATÜRLICHE, VOLLWERTIGE NAHRUNGSMITTEL

SELTEN ODER NIE	STATTDESSEN

Zucker oder
   gesüßte Nahrungsmittel
Kekse, Kuchen, Eis
Schokolade, Bonbons
süßer Fruchtjoghurt
kalorienreduzierter Joghurt
	etwas Honig
	frisches Obst
	frische Milchprodukte
	Naturjoghurt
	   mit frischen Früchten

polierter, weißer Reis Weißbrot weißes Mehl Nudeln aus Weißmehl weißes Knäckebrot	Naturreis nur Vollkornbrot Vollkornmehl Vollkornnudeln Vollkornknäckebrot
Cornflakes Instant-Haferprodukte Puffreis oder -weizen gesüßtes Müsli	Geschroteter Weizen Vollkornhaferflocken Müsli ohne Zucker Vollkornweizenprodukte
Margarine billige Speiseöle	nur Butter *zum Kochen:* Butter, Olivenöl
Mixed Pickles und Fertigmarinaden Tütensuppen Salznüsse Kartoffelchips Salzkekse	Kräuter und Gewürze frisch gekochte Suppen frische Nüsse Sonnenblumenkerne Kürbiskerne

Geräucherter Hering
   und anderer Räucherfisch
	frischer oder
	   tiefgekühlter Fisch

Industriell erzeugte Fleischwaren:
Kaltes Bratenfleisch
   aus dem Supermarkt
Fleischpasteten
Frühstücksfleisch und -speck
Corned beef
Wurst und Hamburger
	Frischfleisch
	   aus natürlicher Tierhaltung:
	Roastbeef
	Koteletts
	Steaks;
	Leber (ganz wenig)
	Geflügel aus Bodenhaltung

	Sojabohnen Tofu

UMSCHALTEN AUF
NATÜRLICHE GETRÄNKE

SELTEN ODER NIE	STATTDESSEN
Tee	Kräutertees
Kaffee	Getreidekaffee Malzkaffee Löwenzahnkaffee
Schokoladen- und Kakaogetränke	Carob-Getränke
Tütensuppen	Selbst gekochte Gemüsebrühen
Süßgetränke in Dosen Süße Fruchtsäfte Light-Fruchtsäfte	Frisch gepresster Fruchtsaft mit Mineralwasser
Limonaden Bitter Lemon Tonic Cola	Frisch gepresster Zitronensaft Mineralwasser mit Zitronenscheibe

Denken Sie daran, Milch zwischen den Mahlzeiten
oder zum Frühstücksobst zu trinken.
DAS BESTE GETRÄNK IST WASSER

Natürliche Vollwertprodukte zubereiten und genießen

In diesem Kapitel sind Rezeptideen entsprechend ihrer Zuordnung zu den Kohlenhydrat- oder Eiweißgerichten markiert; auch ist angegeben, ob sie Basenbildner oder neutral sind. Die Zeichen bedeuten:

B = Basenbildner   K = Kohlenhydrate   E = Eiweiß   N = Neutral

Je frischer, desto besser

Frische Gerichte aus vollwertigen Zutaten sind nicht sehr haltbar, je leichter sie verderben, desto mehr lebendige Zutaten sind in ihnen enthalten.

Pflanzliche Nahrungsmittel sollten nach der Ernte so schnell wie möglich verzehrt werden. Am besten holt man sie aus dem eigenen Garten oder bezieht sie von Bauernmärkten oder direkt vermarktenden Bauern oder Gärtnern.

GEMÜSE FRISCH HALTEN

Kresse, Bohnensprossen oder andere *Keimlinge* sind Kraftnahrung, denn sie wachsen ja ganz frisch heran.

Kressesamen in einer kleinen Schale auf der Fensterbank zum Keimen bringen; feucht halten.

Selleriestangen hebt man am besten aufrecht in einem Behälter mit wenig Wasser auf, bis sie verzehrt werden.

Kopfsalat: Am besten in einer Plastikschüssel mit Deckel nicht ganz dunkel aufheben. Ein paar Tropfen Wasser darauf spritzen. Er muss nicht unbedingt in den Kühlschrank.

Paprika, Auberginen, Zucchini, Möhren: Feste, knackige Ware ist frischer. In einer Plastikbox im Kühlschrank aufheben.

Alle Gemüsearten halten sich länger im Kühlschrank. Es gibt Kühlschränke mit besonders großem Gemüsefach.

FRISCHE KRÄUTER

Lorbeerblätter ergeben ein volles, würziges Aroma. Nach dem Kochen wirft man sie weg.

Majoran wird auch »Salz-und-Pfeffer-Pflanze« genannt. Sie ist schnellwachsend und leicht zu ziehen.

Salbei und Thymian passen zum Fleisch, aber auch zu Gemüse.

Rosmarin hat einen besonders intensiven Geschmack.

Minze aromatisiert Salate, aber auch Obstdesserts.

Zitronenmelisse breitet sich schnell aus. Sie passt zu Blatt- und Obstsalaten.

Dill sollte man in großen Portionen an Gemüse- und Reisgerichten geben.

Estragon: Seine Blätter haben einen leichten Anisgeschmack.

Löwenzahnblätter sind sehr gesund und reich an Kalium.

Petersilie passt zu fast allen Kartoffel- und Gemüsegerichten, aber auch zum Salat.

Schnittlauch würzt jeden Salat, Eier- und Gemüsegerichte.

Kräutertees

Folgende Zutaten passen zu jedem Kräutertee:
zwei bis drei Gewürznelken
Sternanis
ein Stückchen Zimtrinde
ein paar Spritzer Orangen- oder Zitronensaft

Tee aus Zitronenmelisse, Minze oder Salbei:
Auf eine Hand voll frische Blätter kochendes Wasser gießen.
Stehen lassen, bis der Tee Trinktemperatur hat, durchsieben.

Heiße Zitrone mit Ingwer:
Eine dünne Scheibe Ingwerwurzel abschneiden, schälen und
in kleine Würfelchen teilen. Kochendes Wasser zugießen und
ziehen lassen, bis der Tee Trinktemperatur hat. Ein paar
Spritzer Zitronensaft zufügen.

GANZE GEWÜRZE

Ganze Gewürze sind, verglichen mit gemahlenen, viel kräftiger
und aufregender im Geschmack. Man benutzt sie sparsam, weil
sie intensiv würzen.

Kardamom hat einen starken, sehr würzigen Geschmack. Ge-
ben Sie drei oder vier Schoten in ein Gericht und entfernen
Sie sie nach dem Kochen. Sie können aber auch nur die klei-
nen schwarzen Samen verwenden.
Gewürznelken passen gut zu Apfelkompott, Rhabarber, aber
auch zu Trockenfrüchten.
Wacholderbeeren geben Wildsaucen ihren charakteristischen
Geschmack.

Muskatnuss, die frisch abgerieben wird, schmeckt besonders fruchtig.

Fenchelsamen erinnern an Lakritze oder Anis. Sie passen zum Müsli, werden aber auch zu Reisgerichten gegeben.

Sternanis schmeckt wie süßer Anis und macht gekochtes Obst, beispielsweise Äpfel, feiner.

Frische Ingwerwurzel: Schneiden oder hobeln Sie dünne Scheibchen in den Salat oder in Wokgerichte. Ingwer passt auch zu Gemüsesuppen und Obstkompott.

Zimtstangen sind Teil der Zimtrinde und haben einen frischen, fruchtigen Geschmack. Geben Sie ein Stück von 2-3 cm ins Obstkompott.

Piment schmeckt fast wie eine Mischung aus Gewürznelken und Zimt.

Korianderkörner liefern einen Hauch von Zitrone. Sie würzen besonders aromatisch und sollten reichlich verwendet werden.

Getrocknete Chilischoten sind sehr scharf. Schon eine halbe Schote macht Suppen und Eintöpfe »heiß«.

Schwarze Pfefferkörner sind ebenfalls scharf und sollten sparsam verwendet werden.

Schwarze Senfkörner sind viel milder als Pfeffer.

Kreuzkümmel gibt Reis- und Fleischgerichten einen milden Curryduft.

Wenn Ihnen Gerichte, die mit gemahlenen Gewürzen zubereitet sind, Verdauungsprobleme bereiten, vertragen Sie sie vielleicht mit ganzen Samen, Körnern oder Schoten. Probieren Sie aber auch aus, wie Ihre Verdauungsorgane reagieren, wenn Sie die Gewürze selbst und ganz frisch zerstoßen oder reiben.

NATÜRLICH WÜRZEN UND SÜSSEN

Kohlenhydratmahlzeiten

Bananen machen süß.

Frische Ingwerwurzel passt gut zu Bananen.

Orangen- oder Zitronenschale (unbehandelt) kann man in Reis- oder Hirsegerichte reiben.

Getrocknete Datteln kocht man in wenig Wasser leicht auf, damit sie weich und fruchtig werden; anschließend püriert, ergeben sie eine aparte süße Sauce.

Rosinen streut man über Fruchtsalate oder dünstet sie mit Weintrauben.

Honig in kleinen Dosen verwenden; schließlich haben ihn die Bienen bearbeitet.

Eiweißmahlzeiten

Fruchtsauce und frische Obstpürees.

Getrocknete Aprikosen, gekocht und zu Sauce püriert.

Rosinen in Maßen – am besten über Nacht in etwas Fruchtsaft einweichen.

Zu Kohlenhydrat- oder Eiweißmahlzeiten

Versuchen Sie auch einmal frische Kokosnuss, Kokosraspeln, Kokoscreme.

Weitere interessante Gerichte mit Kokos finden Sie in vegetarischen Kochbüchern und in Rezeptbüchern für exotische Früchte.

FRISCHE PRODUKTE AUF DEM SPEISEZETTEL

Gemischte Salate   N

Putzen und schneiden Sie alle Salatzutaten und geben Sie sie in eine Schüssel. Treffen Sie Ihre Wahl zwischen:

Kopfsalat	rohem Blumen-	rohem Rotkohl
Gurken	kohl	Roten Beten
rohem Porree	Stangensellerie	Rettich
Brunnenkresse	Kresse	Zuckermais
Paprika	Chicoree	Erbsen
Bohnensprossen	Fenchel	Rosenkohl
Frühlingszwiebeln	rohen Möhren	
Tomaten	rohem Weißkohl	

Sprenkeln Sie etwas Wasser über die Salate, damit sie frisch und knackig bleiben. Sie werden zugedeckt in den Kühlschrank gestellt und den Tag über gegessen. Beim Anrichten streuen Sie nach Wünsch Nüsse oder Samen darüber.

Salate passen zu jeder Mahlzeit.

Rohe Gemüsesuppe   N

Sie ist ganz einfach und schnell zuzubereiten und, wie auch die verschiedenen Gemüsesäfte, sehr gesund. Verwenden Sie einen Pürierstab oder einen Mixer mit starken Edelstahlmessern, vor allem wenn auch rohe Möhren oder Rote Bete püriert werden sollen (sie müssen vorher in Scheiben geschnitten werden).

1. Schneiden oder hacken Sie eine ganze Schüssel voll verschiedene rohe Gemüse und Salate – Tomaten, Gurken, Paprika.

2. Geben Sie nach Wunsch auch frisches Obst in Stücken dazu: Äpfel, Kiwi, Orangen, Zitronensaft.
3. Gießen Sie einen halben Krug Wasser dazu.
4. Verschiedene frische Kräuter passen gut zum Gemüse: Salbei, Schnittlauch, Thymian, Knoblauch, Kerbel.
5. Pro Portion einen Teelöffel kalt gepresstes Öl dazugeben.
6. Alles zusammen fein pürieren.
7. Wenn die Suppe cremiger sein soll, fügen Sie noch Avocado hinzu.

Diese rohe Suppe ist auch ein erfrischendes, nahrhaftes Getränk: Ich hätte nie geglaubt, wie wohltuend sie wirkt. Wenn man zwei oder drei Mal täglich davon trinkt und eventuell etwas Psyllium (Flohsamen, siehe Seite 158) dazu gibt, wirkt diese Suppe auch gegen Verstopfung.

Etwas über Avocados

Diese Frucht verdient eine ganz spezielle Erwähnung. Sie wirkt als Basenbildner und liefert besonders viel Kalium. Man kann sie zu jeder Mahlzeit essen, wenn man mag. Die meisten Leute sind überrascht, zu erfahren, dass man von Avocados bestimmt nicht dick wird. Sie gehören zu den »Super«-Nahrungsmitteln, enthalten viele essenzielle Fettsäuren, wertvolles Eiweiß und dazu Vitamin C und B_6.

Avocados einkaufen
- Wenn sich die Früchte mit dem Daumen ganz leicht eindrücken lassen, sind sie genussreif. Im Lauf des Reifungsprozesses sollten sie gleichmäßig weich werden, etwa wie eine Orange.
- Wenn sie hart sind und nur einige weiche Stellen haben, wurden sie beim Transport gequetscht. Kaufen Sie ruhig auch die

harten, sie reifen zu Hause nach und sind eine Woche später weich. Sobald sie weich sind, werden sie besser im Kühlschrank aufbewahrt.

- Wenn Avocados schnell reifen sollen, kommen sie an einen warmen Platz, etwa in einen luftigen Schrank.

Avocados essen
- Sie eignen sich gut für eine Mitnehmmahlzeit. Schneiden Sie eine Avocado auf, entfernen Sie den Kern und löffeln Sie die Frucht aus.
- Schneiden Sie die Avocado der Länge nach in zwei Hälften und entfernen Sie den großen Kern.
- Man kann sie mit Krabben oder Garnelen füllen, aber auch mit Weichkäse oder würzigem Kräuterquark. Auf Salatblättern anrichten.
- Eine aufgeschnittene Avocado hält besser, wenn man die Schnittseite mit Olivenöl bepinselt.

AVOCADOCREME   **N**

Sie schmeckt delikat und erfrischend, vor allem, wenn Sie die Avocado gut gekühlt haben; ihr Aroma mischt sich wunderbar mit verschiedenen Gewürzen. Geben Sie die Frucht in eine Schüssel und zerkleinern Sie sie mit dem Pürierstab. Sie ergibt erstaunlich viel cremige Masse.

- Sie schneiden eine kleine Avocado in zwei Hälften, entfernen den Kern und lösen das Innere mit einem Teelöffel aus der Schale. Schneiden Sie eine Hälfte in Stücke, die Sie mit etwas Wasser mixen. Die Creme schmeckt so, wie sie ist, ausgezeichnet.
- Sie können aber auch verschiedene Zutaten untermischen:
  Eine halbe Banane   **B+K**
  Banane, gelbe Paprikaschote, Maiskeimöl   **N**

Joghurt oder weiche Früchte	**B+E**
Roter oder gelber Paprika und Olivenöl	**N**
Eigelb und Banane	**K**
Etwas Distel- oder Sesamöl ergibt Nussgeschmack	**N**
Kalt gepresstes Maiskeimöl schmeckt ein bisschen nach Schokolade	**N**

Avocadocreme ist besonders leicht verdaulich. Sie kann sogar Verdauungsbeschwerden nach dem Essen lindern und eignet sich gut für Kranke, Babys und Kleinkinder.

Frische Fruchtgetränke

Eine frisch gepresste Orange in ein Glas Milch geben; sie wird nicht gerinnen	**E**
Pürierte weiche Früchte mit Milch oder Sojamilch mischen, z.B. Pfirsiche, Nektarinen, Aprikosen oder Erdbeeren	**E**
Joghurtdrinks aus frischen Früchten nach Wahl	**B+E**
Pürierte Banane in Sojamilch	**K**

Frische Fruchtsaucen

Hier eignen sich alle weichen, gut zu pürierenden Früchte: Himbeeren, Erdbeeren, Pfirsiche, Aprikosen.	**B+E**

Sie werden, wenn nötig zusammen mit etwas Obstsaft, püriert.
Die Sauce über frisches, klein geschnittenes Obst gießen.

Frisches Fruchtgelee E

Lösen Sie 4 gestrichene Esslöffel gemahlene Gelatine in
einer Schüssel mit etwas warmem Wasser auf, die im
heißen Wasserbad steht. Mit kaltem Fruchtsaft auf etwa
einen halben Liter aufgießen, frische, saure Früchte in
Stücken zugeben und in den Kühlschrank stellen.

Bananensauce K

Pürieren Sie eine Banane mit etwas Wasser oder
Sojamilch.

Bananencreme K

Pürieren Sie eine Banane mit:
Sahne oder Kokossahne K
Avocado N
Zu gleichen Teilen mit gehackter Paprikaschote K
Gekochtem Reis K
Etwas Ingwerwurzel K

Frische Tomatensauce N

Eine Tomate schälen und pürieren. Zur Geschmacksverbesserung Knoblauch, Olivenöl
und frische Kräuter zugeben und mitpürieren.

Tomaten schälen:
- Die Haut leicht einritzen
- Für 1–2 Minuten in kochendes Wasser legen, bis sich die
  Haut löst
- In kaltem Wasser abschrecken, die Haut abziehen

Von reifen Tomaten lässt sich die Haut leichter abziehen. Pfirsiche werden auf ähnliche Weise geschält.

Käsesauce (ein Kompromiss mit Eiweißmahlzeiten)   E

Sie könnten zum Eindicken der Sauce, die nur wenig Eigengeschmack hat, Kartoffelmehl verwenden. Bei einem würzigen Käse brauchen Sie aber nur ganz wenig davon.

Rote und gelbe Paprikaschoten   N

Schneiden Sie zum Rohessen große Stücke ab, sie ergeben einen gesunden Snack und schmecken dazu auch noch süß.

Natürliche Salatsaucen

* Naturjoghurt mit Minze, Schnittlauch oder
  Petersilie   **B+E**
* Dip oder Salatsauce aus mit Knoblauch oder
  frischen Kräutern pürierter Avocado   **N**
* French Dressing aus Olivenöl und Zitronen-
  oder Limonensaft   **B+E**
* Etwas Distel- oder Sesamöl, das man erst beim
  Anrichten über den Salat träufelt, sorgt für sanften
  Nussgeschmack. Verwenden Sie helles Sesamöl,
  das dunklere schmeckt leicht bitter.

Hausgemachte Mayonnaise und French Dressing: Beide passen nicht zu Kohlenhydratmahlzeiten, weil sie frischen Zitronensaft enthalten. Salatsaucen zu Kohlenhydratmahlzeiten können Sie statt mit Zitrone mit etwas saurer Sahne, Buttermilch oder Joghurt leicht säuern. All diese Milchprodukte wirken neutral.

Tiefgekühlte Erbsen und Maiskörner zum Salat   N

Sie brauchen beides nur mit kochendem Wasser zu übergießen
und 1 Minute stehen zu lassen. Dann geben Sie beides zum Salat.

Rote Bete   N

Das gesunde Gemüse wird geschält und in ganz wenig Wasser
kaum länger gekocht als Pellkartoffeln. Man kann Rote Bete
heiß essen oder abkühlen lassen und Salat daraus bereiten. Sie
schmecken aber auch roh geraspelt ausgezeichnet

Frisch gekochte Gemüsesuppen   K

Mit einem Handmixer lassen sich verschiedene gekochte Gemüse leicht zerkleinern. Kochen Sie die Kartoffeln separat
oder zusammen mit anderem Gemüse wie:
Porree, Möhren, Kohlrüben, Pastinaken, Zwiebeln.
Nach dem Kochen:
1. Etwas vom Gemüse vor dem Pürieren beiseite stellen.
2. Die Suppe mit frischem Knoblauch, etwas Ingwerwurzel
   oder frischen Kräutern würzen.
3. Pro Portion zum Schluss einen Teelöffel frisch gepresstes
   Olivenöl zufügen.
4. Kartoffeln und alle anderen Zutaten zusammen pürieren.
5. Die beiseite gestellten Gemüsestücke in die Suppe mischen.
6. Nach Wunsch auch noch gekochte Bohnen, Erbsen, Mais
   oder Pilze zufügen.
Einzelportionen lassen sich gut einfrieren.

Variationen
1. Gleich viele Kartoffeln, Möhren und Zwiebeln kochen.
2. 2 Teile Kartoffeln auf je 1 Teil Möhren und Pastinaken geben.

Schnelle Kartoffelsuppe   K

Eine etwas dickere Suppe voller Wohlgeschmack.
Pro Person eine dicke Pellkartoffel in wenig Wasser kochen, kalt abschrecken und die Haut abziehen. Kartoffeln in Stücke schneiden, mit Wasser oder Gemüsebrühe bedecken und wie oben beschrieben fertig kochen.

Variationen
Wenn Sie rohe grüne Paprikaschoten mit pürieren, sieht die Suppe aus wie Avocadocreme.
Pürieren Sie sie mit gekochten Butterböhnchen.
Sie eignet sich auch als cremige Sauce zu gedämpftem Gemüse.

Gedämpftes Gemüse   N

Wenn man Gemüse dämpft, bleibt es knackiger und fester und der Geschmack ist intensiver. Gedämpfte Kartoffeln glänzen schön appetitlich und sie zerfallen auch nicht.

Süßkartoffeln   K

Die großen Süßkartoffeln wiegen manchmal mehrere Pfund. Wenn Sie gekochte Süßkartoffeln, die auch Yamswurzeln heißen, mit etwas gutem Öl pürieren, ergibt das eine dicke, cremige Suppe, die viel sättigender ist als Kartoffelsuppe. Man bekommt leider Süßkartoffeln bis jetzt nur in manchen Naturkostläden und gut sortierten Gemüsegeschäften. Wichtig

ist, dass sie frisch und innen ganz weiß sind. Sie gehören in den
Kühlschrank, weil sie sich sonst nicht lange halten.

Getrocknete Bohnen kochen   K

- Kochen Sie getrocknete Bohnen 10 Minuten bei starker
  Hitze, dann nur noch köcheln, bis sie weich sind. Bohnen dür-
  fen nur gekocht verzehrt werden.
- Geben Sie kein Salz ins Kochwasser, weil getrocknete Boh-
  nen oder Erbsen sonst nicht weich werden! Auch bei extrem
  langer Kochzeit bleiben sie hart.
- Gekochte Bohnen lassen sich gut in einer Schale einfrieren,
  damit man sie, auch in kleinen Portionen, immer gleich zur
  Hand hat.
- Tiefgefrorene Bohnen sind höherwertig als Dosenware.

Naturreis   K

Er hat einen feinen Nussgeschmack und die Körner kleben
beim Kochen nicht so leicht zusammen wie bei poliertem Reis.
Seine Garzeit beträgt etwa 40 Minuten.

Variationen
- Reis kann man auch kochen mit:
- Fein geraspelten Möhren, Linsen und einem Lorbeerblatt
- Bunten Bohnen, Knoblauch und getrockneten Pilzen
- Kreuzkümmel, weißen Senfsamen oder Fenchelsamen

Naturreis bekommt man nicht nur in Naturkostläden, sondern
auch schon in Bio-Abteilungen der Supermärkte. Man sollte
aber darauf achten, dass er auch aus natürlichem Anbau
kommt.

Cremiger Reisbrei   K

Je langsamer man den Reis kocht, desto weicher und zarter wird er. Im Schnellverfahren gekocht und dann püriert, kann Reis auch seltsam sandig werden.

Kochmethode:
1. 7 gehäufte Esslöffel Reis auf 1 l Wasser.
2. Den Reis auf einem Sieb mit kochendem Wasser übergießen und abtropfen lassen.
3. Kochendes Wasser auf den Reis gießen.

Würzen:
Einen halben Teelöffel Gewürze (ungemahlen) zugeben: z. B. Fenchelsamen, Piment oder Wacholderbeeren oder einen halben Teelöffel Korianderkörner.

Den Reis extrem langsam kochen lassen (es gibt sogar Spezialtöpfe, in denen er stundenlang bei schwächster Hitze gart).
Wenn Sie ihn aber schnell brauchen, können Sie ihn auch auf ganz konventionelle Weise garen.

Gekochter Reis
Mit einem Mixstab können Sie den gekochten Reis dann im Kochtopf pürieren. Geben Sie pro Portion einen Teelöffel feines Olivenöl aus erster Pressung dazu. Das Öl macht ihn locker und cremig und lässt ihn weiß werden wie Milch. Ein so gekochter und zubereiteter Reis ist besonders bekömmlich und leicht verdaulich.

Variationen
Mischen Sie einzelne Reisportionen mit pürierter Banane oder mit Kokoscreme.

Einzelportionen kann man gut einfrieren: Lassen Sie den Reisbrei vorher im Wasserbad schnell abkühlen.

Schneller Reisflockenbrei   K

Braune Naturreisflocken bekommt man im Naturkostladen.

Kochmethode:
1. 1 Esslöffel braune Reisflocken auf ¼ l kaltes Wasser.
2. Günstig ist, die Flocken vor dem Kochen ein paar Minuten einzuweichen.
3. Die Flocken langsam aufkochen und bei schwacher Hitze ziehen lassen, bis der Brei dicklich wird.
4. Durch Zugabe von Rosinen bekommt der Brei eine angenehme Süße.

Reisflocken in der Mikrowelle
Wer mag, gibt Flocken und Wasser in eine tiefe Schüssel, lässt 2 Minuten stark kochen und den Brei dann 10 Minuten nur noch ziehen (Auftaustufe).

ANDERE GETREIDE AUSPROBIEREN

Je abwechslungsreicher die Ernährung, desto schneller der Erfolg.

Hirse   K

In manchen Teilen Afrikas und Asiens ist Hirse ein wichtiges Volksnahrungsmittel. Man bekommt sie bei uns auch in Form von Hirseflocken und Hirsemehl. Alle Hirseprodukte sind Basenbildner und zugleich glutenfrei.

Gekochte Hirse
Man kocht sie praktisch genauso wie Reis. Zu Hirsegerichten passen Korianderkörner, Zitronenschale, Mais und geraspelte Möhren. Außerdem natürlich frische, würzige Kräuter.

Cremiger Hirsepudding   **K**
Ein wunderbar leichter, zarter Pudding, ähnlich wie Grießpudding, der aber ohne Milch gekocht wird. Man kann ihn auf dieselbe Weise kochen und zubereiten wie Reis.

Graupen   **K**

Graupen sind ein echtes Getreide, es handelt sich dabei nämlich um geschälte Gerste. Sie müssen lange gekocht werden, am besten auf ähnliche Weise wie Naturreis. Weichen Sie Graupen über Nacht ein, sie werden danach schneller gar. Es gibt aber auch ein anderes Gerstenprodukt, nämlich Gerstenflocken. Gerste enthält weniger Gluten als Weizen.

- Graupen sind von Natur aus süßlich und schmecken gut mit Korianderkörnern. Man kann daraus nahrhaften Sojamilchpudding kochen; eine interessante Alternative zum Reispudding.
- Entsprechend dem Rezept für Reisbrei ergeben Graupen einen schmackhaften Brei.
- Auch für pikante Gerichte können Graupen statt Reis verwendet werden.
- Graupen passen zu Gemüsegerichten und Eintöpfen.

Hafergrütze   **K**

Dieses vollwertige Getreideprodukt ist ebenso süß und wohlschmeckend wie Gerste.

Buchweizen   K

Buchweizen hat mit Weizen gar nichts zu tun, sondern gehört zu einer ganz anderen Verwandtschaft. Er enthält kein Gluten. Man bekommt ganze Körner zu kaufen, und zwar grün oder geröstet. Gerösteter Buchweizen hat einen zartbitteren Geschmack; grüner Buchweizen, das natürliche Korn, ist von etwas hellerer Farbe. Im Handel sind auch Buchweizenmehl und Buchweizennudeln erhältlich.

Übrigens
Kascha ist ein Gericht aus Buchweizen, das in Osteuropa sehr beliebt ist. Es muss langsam und sehr lange gegart werden. Man reichert es mit Olivenöl, Sesamöl oder Butter an und kann es mit allerlei Kräutern verfeinern.

Quinoa   K

Diese winzigen, runden Samenkörner, die seit alten Zeiten in Südamerika angebaut werden, sind sehr nahrhaft und noch dazu glutenfrei. Man kann die feinen Körner mit anderen Getreiden mischen, aber auch für sich, zum Beispiel als Suppeneinlage, verwenden. Waschen Sie die Körner in einem feinen Sieb, indem Sie sie mit kochendem Wasser übergießen; das nimmt ihnen zugleich einen etwas bitterem Beigeschmack. Innerhalb von etwa 10 Minuten ist Quinoa gar. Die Masse ist gekocht ein wenig dünn und wässrig, eignet sich also nicht für Puddings oder Cremes.

Maismehl   K

Dieses Getreideprodukt findet vor allem in Nord- und Südamerika häufig Verwendung. In Europa bereitet man mit Vor-
liebe Polenta daraus. Es gibt Rezepte für pikante, aber auch für
süße Polenta; letztere passt gut zu Obstsalaten und Fruchtmus,
würzige Polenta wird durch Gemüseeintöpfe und Gemüsesau-
cen ergänzt.

Pulverisierte Psyllium-Schoten (Flohsamen)   N

Psyllium ist eine Pflanze, die in Indien angebaut wird und dort
seit Tausenden von Jahren Verwendung findet. Das Pulver
dient zum Eindicken kalter Speisen. Es ist praktisch ge-
schmacklos und lässt, ganz ohne Kochen, Flüssiges und Halb-
flüssiges in kürzester Zeit gelieren.

Wichtig aber ist vor allem, dass es sich bei Darmproblemen
bewährt hat:

- Bei Verstopfung bekommt die Darmmuskulatur die Aus-
  scheidungsprodukte besser in den Griff, da der gequollene
  Flohsamen sein Volumen so stark vergrößert, dass sie leich-
  ter zum Darmausgang befördert werden können.
- Flohsamen lindert Durchfälle, weil das Wasser absorbiert
  wird.
- Es hilft auch gegen das Rumoren in den Eingeweiden und
  verhindert unangenehme Winde.
- Flohsamen wird selbst von denen gut vertragen, die keine
  Kleie nehmen können.

Psyllium oder Flohsamen enthält keine Zusätze und ist in Naturkostläden erhältlich.

Mahlzeiten und Menüs

Im Folgenden sollen Ihnen ein paar einfache Grundideen helfen, schnell und leicht eine Mahlzeit oder den Speisezettel für den ganzen Tag zusammenzustellen. Sie brauchen solche Hinweise aber nur so lange, bis Ihnen die Trennkost zur Selbstverständlichkeit geworden ist. Am Anfang müssen Sie gar nicht unbedingt wissen, welche Nahrungsmittel vorwiegend Kohlenhydrate und welche vorwiegend Eiweiß enthalten. Wählen Sie einfach aus den entsprechenden Listen oder greifen Sie auf die vorgeschlagenen Menüs zurück. Vielleicht möchten Sie auch gleich einen ganzen Wochenplan zusammenstellen und die Zutaten für mehrere Tage auf einmal einkaufen.

Auf den folgenden Seiten finden Sie Zusammenstellungen von neutralen Lebensmitteln, Basenbildnern, Kohlenhydrat- und Eiweißmahlzeiten, außerdem Menüvorschläge für zwei Wochen, aber auch Anregungen für Mitnehm-Mahlzeiten. Sie brauchen nur auszuwählen. Wenn ein hier angegebenes Gemüse oder eine Frucht gerade nicht zu haben ist, können Sie sich statt dessen etwas anderes aus der Liste auf Seite 131 ff. aussuchen.

Denken Sie daran
Sie brauchen täglich mindestens eine basische Mahlzeit, ein vorwiegend kohlenhydrathaltiges und ein vorwiegend eiweißhaltiges Essen.

NEUTRALE NAHRUNGSMITTEL

Salate passen zu jeder Mahlzeit

In Scheiben geschnittene Rote Bete, Erbsen, Zwiebelringe, Brunnenkresse;
Gurken, Tomaten, Kresse;
Tomatenscheiben mit Zwiebelringen;
Apfelstückchen, Sellerie und Nüsse oder Rosinen;
Gehackte Zwiebeln, roher Blumenkohl und Sonnenblumenkerne;
Gehackter Fenchel, roher Blumenkohl und Kürbiskerne;
Geraspelte Möhren, Weintrauben und Zuckermais;
Paprikastückchen, Zuckermais und Tomaten;
Avocadoscheiben mit Tomaten und Zwiebelringen;
Bohnensprossen und Zuckermais auf Blattsalat;
Gehobelter Weißkohl mit Apfel und Zwiebeln.

Zu all dem passen frisch gehackte Kräuter, kalt gepresstes Öl und Zitronensaft.

Etwas für zwischendurch

Avocado	Chicoreespitzen
Tomaten	Stücke von rotem
Selleriestangen	oder gelbem Paprika
Rohe Möhren	

LEICHTE BASEN BILDENDE MAHLZEITEN

Getränke

- Kräutertee
- Fruchtsaft oder Wasser
- Mit etwas Wasser gemixte Melone ergibt ein erfrischendes Getränk

Frühstück oder Dessert mit Früchten

Apfel	Orange	Grapefruit
Birne	Ananas	Kiwi
Banane	Weintrauben	Mango
Nektarine	Pfirsich	Erdbeeren
Brombeeren	Himbeeren	Melone

Früchte nach Wunsch, mit oder ohne Naturjoghurt

Kleiner Nuss-Imbiss

- Mandeln, Haselnüsse, Paranüsse oder Pinienkerne
- Sonnenblumen- oder Kürbiskerne
- Nüsse und Rosinen
- Banane oder eine rohe Möhre mit einer Hand voll Nüssen oder Samen

BASISCHE SALATMAHLZEITEN

Frisches Obst, mit oder ohne Naturjoghurt
Salat aller Art, zum Beispiel mit:
    Mandeln, Haselnüssen, Paranüssen oder Pinienkernen
Pur, mit einem Sahne-Dressing oder einer Sauce auf Joghurt-
basis
In Frage kommen auch:
    Gemüsesuppe mit Kartoffeln;
    Gekeimte Hülsenfrüchte

Aber:
Keine getrockneten Bohnen oder Erbsen

BASEN BETONTE KOHLENHYDRATMAHLZEITEN

Getränke

* Kräutertee
* Traubensaft oder Wasser
* Gemüsesaft

Obstfrühstück mit Nüssen

* Banane, Weintrauben, süße Birne
* Banane, Datteln oder Feigen mit:
    Mandeln, Haselnüssen, Paranüssen, Pinienkernen
* Sonnenblumen- oder Kürbiskerne

Hirsefrühstück

- Müsli: Hirseflocken mit Rosinen, Sonnenblumenkernen, Bananenscheiben
- Hirsebrei: Hirseflocken mit Datteln oder Rosinen gekocht
- Pürierte Banane mit Hirse

Abendessen

- Gemüsesuppe (keine Hülsenfrüchte)
- *Pellkartoffeln mit:*
  Gemüsesauce
  leichten Tahini
  Gemüseeintopf
  Ratatouille
- *Dazu Salat mit:*
  Mandeln, Haselnüssen oder Pinienkerne
  Sonnenblumen- oder Kürbiskernen
- Gewürzte Hirse mit:
  Zuckermais, Rosinen und abgeriebener Zitrone
  Selleriestückchen, Tomaten, Zwiebel, Pinienkernen
- Maiskolben mit Salat

Süßspeisen

Banane, süße Birne, Weintrauben, Datteln, Feigen; Gewürzter Hirsebrei mit Banane, Datteln und Orangenschale
Pürierte Banane mit Hirse
Cremiger Hirsepudding mit Birnen
Kein Joghurt, keine Milch!

KALTE KOHLENHYDRATMAHLZEITEN

Vegetarische Brote oder Brötchen

Verwenden Sie Butter und keine Margarine zum Bestreichen!

Pikanter Belag für Brötchen
Nussbutter und Gurken- oder Tomatenscheiben
Pilzpaste mit Tomatenscheiben und Zwiebelringen
Cremiger Frischkäse mit Edelhefeflocken und Kresse
Edelhefeflocken, verrührt mit mittelhartem Eigelb
Rote-Bete-Scheiben, Zwiebelringe, Brunnenkresse
Pellkartoffelscheiben mit Edelhefeflocken bestreut
Gemüseaufstrich mit Tomaten
Salatblätter mit Oliven und Edelhefeflocken bestreut
Tahini mit Gurkenscheiben
Blattsalat mit Senf und Öl beträufelt
Aufgeschnittener, würzig marinierter Tofu
Avocadoscheiben oder -mus (sofort essen, damit sie nicht braun werden)
Die vorgeschlagenen Beläge eignen sich auch für Vollkornknäckebrot, Cracker, Reiscracker.

Denken Sie daran
Keine Äpfel oder Orangen zu den Broten, und auch keinen Käse, keine ganzen Eier, kein Fleisch und keinen Fisch!
Verwenden Sie nur hochwertiges Vollkornbrot, am besten aus frisch gemahlenem Mehl. Manches so genannte Schwarz- oder Kornbrot enthält auch Anteile von Weißmehl. In Naturkostläden bekommen Sie vorzügliche vegetarische Aufstriche und ausgezeichnete Nussbutter, verwenden Sie aber keine Erdnussbutter. Tahini ist ein würziger Aufstrich aus Sesamsamen. Helles Tahini wird aus geschälten Sesamsamen zube-

reitet, dunkles aus ungeschälten; letzteres schmeckt leicht bitter.

Süßer Belag für Brötchen
    Bananen mit etwas Honig
    Datteln und Banane
    Banane mit Sauerrahm oder Frischkäse
    Banane mit Nussbutter
    Zerdrückte Banane mit Koskosraspeln
    Zerdrückte Banane mit gemahlenen Mandeln

Belag für Schnittchen
    Frischkäse, Banane, Walnüsse
    Zerdrückte Banane, Datteln, Sauerrahm, gehackte Nüsse
    Nussbutter mit Tomaten- und Gurkenscheiben
        sowie Zwiebelringen
    Gemüsepastete mit Nüssen und Salatblättern
    Pilzpaste mit Zwiebelringen und Olivenscheibchen
    Zerdrückte Avocado mit Tomatenscheiben
        und Salatblättern

Vollkorntoast mit pikantem Quark-Kräuteraufstrich
Vollkornfladen mit Salat, Tomatenscheiben und Bohnenpüree

MAHLZEITEN AUF KOHLENHYDRAT-BASIS

Getränke

- Schwacher Tee oder Kaffee
- Wasser oder Traubensaft
- Sojamilch

Getreide zum Frühstück

- Geschroteter Weizen
- Weizenflocken
- Obst und ballaststoffreiche Getreideprodukte
- Vollweizen-Frühstücksgebäck
- Zuckerfreies Müsli:
  Haferflocken mit Mandelblättchen, Sonnenblumenkernen,
  Kürbiskernen oder Rosinen
- Getreidebrei

*Zu Getreideprodukten passen Sojamilch oder pürierte, leicht mit
Wasser verdünnte Banane.*

Frühstück mit Vollkorntoast

- Butter
- Nussbutter
- Kalt gerührte Erdbeermarmelade
- Zerdrückte Banane
- Zerdrückte Avocado mit Tomatenscheiben
- Pürierte Himbeeren und Walnusshälften

Leichtes Kohlenhydrat-Abendessen

Zu allen nachfolgenden Gerichten passt Salat

Linsensuppe
Kartoffelsuppe
Würziges Bohnenpüree auf Toast
Möhrenfrikadelle in Vollkornbrötchen
Bohnen-Gemüse-Suppe
Butterbrötchen mit Salat

Vollkornspaghetti mit Knoblauchbutter
Pellkartoffeln mit …
   Butter
   Frischkäse
   Gemüse aus dem Wok
   hellem Tahini
   Maiskolben
   Gemüsesauce
   kalt gepresstem Öl (z.B. Leinöl)
   Butterbohnen
   Ratatouille
   Letscho (aus Zwiebeln, Tomaten, Paprika)
   Pilzen und Zwiebeln

Kohlenhydrat betonte Hauptmahlzeiten

Mögliche Beilagen:
- Verschiedene Gemüsearten, einschließlich Kartoffeln
- Salat, Nudeln, Reis oder Brot

WARME MAHLZEITEN

- Ratatouille mit gerösteten Nüssen
- Pfannengebratenes Gemüse mit
  Cashewnüssen, Sesamsamen oder kleinen Tofuwürfeln
- Würziger Eintopf mit Bohnen und Kartoffeln
- Eintopf aus Kartoffeln, Wurzelgemüse, Zwiebeln, Bohnen
- Gedünstete Zucchini mit Frühlingszwiebeln und Nüssen
- Gedämpftes Wurzelgemüse mit Porree und Zwiebeln
- Gemüsecurry mit Cashewnüssen und Sonnenblumenkernen
- Kartoffel-Gemüse-Gratin mit Eigelb

Vollwertpasta
- Bunter Nudeltopf mit Gemüse und Tomatensauce
- Knoblauchspaghetti mit Gemüse und Olivenpaste
- Chinesische Glasnudeln mit Pilzsauce

Naturreis mit …
- Gemüsecurry und Mango-Tomaten-Sauce
- Gurkenwürfel, Erbsen, Frühlingszwiebeln und Minze
- Zuckermais, rote Paprika, Pinienkerne, abgeriebene Zitronenschale
- Gebratenem Reis mit Pilzen, Erbsen und Zwiebeln
- Pfannengebratenem Gemüse
- Ratatouille mit Auberginen, Paprika und Tomaten
- Würziger Reistopf mit Möhren und Linsen
- Bohnen mit Pilzen und Zwiebeln in Tomatensauce
- Currybohnen mit Mais und Tomaten
- Scharfes Bohnengericht mit Tomatenwürfeln, Mais und Chili
- Kaltes Bohnengericht mit Salat

Statt Reis eignen sich auch Hirse, Graupen oder Buchweizen als Beilage.

Süßspeisen für Kohlenhydrat betonte Mahlzeiten

- Bananen, Weintrauben, gelbe Birnen
- Datteln oder Feigen, frisch oder getrocknet
- Bananenscheiben mit:
  Datteln und Walnüssen, Schlagsahne
- Nüsse jeder Art, einschließlich frischer Kokosnuss
- Naturreis oder anderes Getreide mit:
  Banane, Rosinen, Pinienkerne, abgeriebener Orangen- oder Zitronenschale
  Reis mit zerdrückter Banane und Schlagsahne mischen.

- Sojamilch mit:
  Bananencreme (ohne Zucker);
  würzigen Milchpuddings
- Reispudding mit:
  Rosinen, Bananenscheiben oder Birnenwürfel

Hirse-Süßspeisen sind unter »Basen bildende Kohlenhydrat-mahlzeiten« auf Seite 163 nachzuschlagen.

Süße Kekse, Kuchen, Törtchen und süße Desserts passen zwar zu Kohlenhydratmahlzeiten, sind jedoch wegen ihres Zucker-gehalts nur sehr bedingt zu empfehlen.

EIWEISS BETONTE MAHLZEITEN

Getränke

- Schwacher Tee oder Kaffee
- Fruchtsaft oder Gemüsesaft
- Wasser

Eiweißfrühstück

- Frischkäse mit gemischten Früchten
- Hüttenkäse mit Walnüssen
- Joghurt mit Obstsalat
- Käse mit Apfelscheiben, Stangensellerie, Ananas oder Wein-trauben
- Rührei mit Pilzen und gedünsteten Tomaten
- Omelette mit Zwiebeln und Tomaten
- Eier im Glas, Käsestückchen und Birnenspalten
- Tomatenhälften mit Käse überbacken

Leichte Eiweißmahlzeit mit gemischtem Salat

- Gewürfelter Butterkäse
- Fleischscheiben
- Fischfilet
- Gekochtes Ei
- Hühnerbrust
- Magerer Weichkäse (z.B. Camembert)

Eiweiß betonte Hauptmahlzeiten

Zu allen passt eine große Portion Salat, Rohkost oder auch gekochtes Gemüse (außer Kartoffeln).

Kein Brot, kein Reis, keine Nudeln!

FLEISCHGERICHTE

- Fleisch- und Gemüsesuppen ohne Kartoffeln
- Gemüse-Fleisch-Eintöpfe
- Braten, Gulasch
- Gegrillte Steaks, Schweinekoteletts, Lammkoteletts
- Geschnetzeltes
- Hackbraten
  mit gemischtem Gemüse
  zu Eintöpfen mit Wurzel- oder Fruchtgemüse
  zu Chili con carne (mit Bohnen)
- Hamburger ohne Zusätze
- Ragouts
- Pfannengerührtes Hühnerfleisch mit grünen Bohnen
- Leber (selten!) mit Pilzen und Zwiebeln
- Eintopf mit Rindfleisch und Wurzelgemüse
- Fleischcurry mit Gemüse (Weißkohl) statt Reis

FISCHGERICHTE

- Gegrillte Kabeljaufilets
- Forelle in der Folie
- Gekochter Steinbutt mit Senf-Sahne-Sauce
- Gebratene Scholle
- Seezunge mit Buttersauce
- Fischstreifen mit Mayonnaise und Salat
- Fischfilets in Käsesauce
- Thunfisch auf Gemüsebett
- Heilbutt auf Gurken-Dill-Gemüse
- Zander und Tomaten vom Grill
- Lachsforelle mit Brokkoli
- Gemüseeintopf mit Fisch
- Seelachfilets mit gratiniertem Blumenkohl
- Thunfisch-Gemüse-Salat
- Krabben-Cocktail mit Ananas
- Avocadoscheiben mit Krabbensalat
- Gegrillte Hummerkrabben
- Garnelen auf Blattsalat

Eiweiß betonte vegetarische Mahlzeiten

- Käsesalat
- Blattsalat mit Butterkäsewürfeln
- Eiersalat
- Eier-Curry
- Mayonnaise-Eier mit Tomaten und Zwiebeln
- Omelette mit:
  Pilzen, Mais, Erbsen und geriebenem Käse
  Paprikastreifen und Tomaten
- Rührei mit Paprika und Zwiebeln
- Frischkäse mit Tomaten und Frühlingszwiebeln

- Hüttenkäse mit Ei- und Paprikawürfeln
- Kräuter-Knoblauch-Quark mit Gurkenstreifen

Warme Käsegerichte
- Überbackener Blumenkohl mit Tomatenscheiben
- Gemüseragout in Käsesauce
- Verlorene Eier in Käse-Senf-Sauce
- Eier im Spinatbett, mit Käse überbacken
- Rüben-Möhren-Gratin
- Zucchini-Porree-Gratin

Süßspeisen zu Eiweiß betonten Mahlzeiten

- Frisches Obst (saure Früchte)
- Joghurt mit getrockneten Aprikosen
- Fruchtgelee mit Vanille-Schlagsahne
- Salat aus Zitrusfrüchten mit Zimtsahne
- Bratapfel mit flüssiger Sahne
- Beerenquark mit Honig
- Hüttenkäse mit Mandarinenscheiben
- Naturjoghurt mit Himbeeren
- Orangen-Joghurt mit geriebenen Mandeln
- Joghurt mit Erdbeersalat
- Pflaumen mit Mandelblättchen
- Obstsalat mit Käsestückchen
- Zitrusfruchtsalat mit getrockneten Aprikosen- und Pflaumenscheibchen
- Apfelkompott mit Mandarinenspalten
- Birnenkompott mit Kiwischeiben und Litschi
- Kompott aus getrockneten Aprikosen mit Joghurt
- Gedünstete Apfelscheiben mit Rosinen und Sahne
- Kiwischeiben mit Himbeermark

AUSWÄRTS ESSEN

Leichte Kohlenhydrat betonte Mahlzeiten

Gemüsesuppe mit Vollkornbrötchen
Gemüsegratin (mit Parmesankäse überbacken)
Getreidelaibchen mit Salat
Rohkostplatte mit Butterbrot
Pellkartoffeln mit Butter und Blattsalat
Birnen und Weintrauben mit Schafkäsewürfeln

Hauptgerichte mit Kohlenhydraten

Die größte Auswahl finden Sie natürlich in einem vegetarischen Restaurant. Vor allem die fernöstlichen Küchen haben eine lange Tradition in der Zubereitung vegetarischer Speisen. Reisgerichte ohne Fleisch gibt es in der indischen, chinesischen und orientalischen Küche in großer Zahl.

Eiweiß betonte Mahlzeiten

Fleisch oder Fisch mit Gemüse oder Salat
Omelettes mit Salat
Käse- oder Eiersalate
Obstsalate aus sauren Früchten

Bei der Auswahl von Eiweiß betonten Gerichten werden Sie kaum Schwierigkeiten haben. Lassen Sie einfach Beilagen wie Kartoffeln, Reis oder Nudeln weg und nehmen Sie auch kein Brot. Etwas Mehl in Saucen ist kein Problem.

Kleine Kohlenhydrat betonte Zwischenmahlzeiten

Vollkornbrötchen mit Butter, Tomatenscheiben
Brötchen mit Sauerrahm, Gurkenscheiben
Bananen, süße Birnen, Weintrauben

Wenn Sie gelegentlich einmal etwas Süßes essen, ist das kein Problem, solange Sie gesund sind und sich wohl fühlen.

SPEISEPLAN 1. WOCHE

A = Basenmahlzeit   K = Kohlenhydratmahlzeit   E = Eiweißmahlzeit

FRÜHSTÜCK	MITTAGESSEN	ABENDESSEN
Apfelscheiben, Joghurt mit Mandelblättchen B	Gegrilltes Kabeljaufilet, Butter, Erbsen und Möhren, Blumenkohl Orangenscheiben E	Bananen auf Vollkorntoast Süße Weintrauben, Haselnüsse und Rosinen K
Avocado und Banane mit etwas Wasser püriert B	Lammkotelett, Pilze, Tomaten, Broccoli, Möhren Obstsalat aus frischer Ananas und Orangenscheiben E	Pfannengerührtes Gemüse mit Sesamsamen Pellkartoffeln Reife, gelbe Birne B
Hirsebrei mit Rosinen B	Gegrilltes Steak, Pilze, Tomaten, Gurken, Blattsalat Apfelkompott mit frischen Kiwi und Sahne E	Maiskolben, geraspelte Möhren, Rote-Bete-Scheiben, Zwiebelringe, Blattsalat Frische Kokosnuss B
Bananenhälften mit Schlagsahne und gehackten Nüssen B	Pochierte Eier, mit Käse überbacken, Mais, Paprikawürfel, Möhren Frische grüne Birne E	Gemischter Salat Linsensuppe mit Vollkornbrötchen Avocado-Dattel-Püree mit Sahne K
Apfelscheiben, Brombeeren, griechischer Joghurt B	Putenfleischwürfel mit gemischtem Gemüse Fruchtsalat aus frischen Orangen und Himbeeren E	Würziger Naturreis mit weißen Bohnen und Mais Gemischter Salat Datteln und Walnüsse K
Zuckerfreies Müsli, Sojamilch, Bananenscheiben K	Rindfleischtopf mit Pilzen, Tomaten, Möhren und Rosenkohl Obstgelee mit frischer Ananas E	Pellkartoffeln, Avocadoscheiben, weiße Bohnen und Mais mit gehackten Zwiebeln und Paprikawürfeln Blattsalat Nüsse und Rosinen B
Ein großes Stück Wassermelone B	Hühnerbrustscheibchen mit pfannengerührtem Gemüse: Möhren, Broccoli, Weißkohlstreifen Frische Pfirsichscheiben mit Erdbeerpüree E	Vollkornknäckebrot mit Nussbutter und Tomatenscheiben Pürierte Avocado und Banane mit Sahne und Walnusshälften K

SPEISEPLAN 2. WOCHE

A = Basenmahlzeit   K = Kohlenhydratmahlzeit   E = Eiweißmahlzeit

FRÜHSTÜCK	MITTAGESSEN	ABENDESSEN
Geschroteter Weizen, Weintrauben Sojamilch K	Hühnertopf mit Pilzen Gemischtes Gemüse (Weißkohl, Möhren, grüne Bohnen) Mangoscheiben E	Pikante Hirse mit Paprikawürfeln, Mais, Pinienkernen Gemischter Salat Reife, gelbe Birne B
Grapefruit- und Orangenstückchen Paranüsse und Rosinen B	Rote-Bete-Scheiben, Zwiebelringe, Brunnenkresse Käseomelett mit Pilzen, Erbsen und Möhren Orangenstückchen E	Gemüsetorte mit Cashewkernen und wenig geriebenem Emmentaler Blattsalate Weintrauben K
Zerdrückte Banane auf Vollkorntoast mit Walnusshälften K	Berliner Leber mit Apfelscheiben und Zwiebeln Püree aus Möhren und Rübchen Obstsalat aus frischer Ananas und Orangen E	Pellkartoffeln, leichte Tahini Salat aus Paprika- und Gurkenwürfeln, Tomatenscheiben, Brunnenkresse Frische Feigen B
Nektarinenspalten mit Joghurt B	Gegrillte Scholle mit geriebenem Käse Möhren, Erbsen, Rosenkohl Apfel- und Pfirsichscheiben E	Gemüsesuppe Vollkornpitta mit Gurkensalat Reife, gelbe Birne K
Gehackte Haselnüsse mit Joghurt, Birnenstückchen B	Lamm-Eintopf mit Brokkoli, Erbsen und Möhren Himbeeren mit Sahne E	Gemüsesuppe Zwiebel- und Porreebrot Gemischter Salat Frische Datteln K
Vollkornbrötchen mit Nussbutter Bananenscheiben und Datteln K	Mit Käse überbackener Blumenkohl Pochierte Eier mit Tomatenscheiben, Mais- und Möhrengemüse Orangenscheiben mit Rosinen E	Riesen-Portion Obstsalat aus frischer Birne, Weintrauben, Trockenfrüchten, Haselnüssen und Sonnenblumenkernen B
Erdbeeren mit Naturjoghurt B	Gebratener Hähnchenschenkel, pfannengerührtes Gemüse (Möhren, Brokkoli, Porree) Kiwi- und Orangenscheiben, Erdbeeren E	Oliven-Kapern-Dip mit Stangensellerie und Möhrenstiften Vollkorntoast mit Butter und zerdrückter Banane Schlagsahne mit grob gehackten Walnüssen K

MITNEHM-MAHLZEITEN

EIWEISS	KOHLENHYDRATE	BASISCH
Kalter gebratener Hähnchenschenkel Tomaten- und Gurkenscheiben Frischer Pfirsich	Vollkornbrötchen mit Butter, Salatblatt und Tomatenscheiben Möhrensalat mit Öl-Essig-Marinade	Pikanter Joghurt-Dip mit Minze und Gurkenwürfel Möhrenstifte und Selleriestangen Nektarine
Gemischter Salat mit geriebenem Käse und Walnüssen Grüne Birne	Nuss-Sauerrahm-Dip mit Selleriestangen und Möhrenstiften Vollkornknäckebrot mit Butter	Chicorreesalat Naturjoghurt mit frischen Aprikosen und Mandeln
Eiersalat mit Mayonnaise Rote und gelbe Paprikawürfel Kiwischeiben	Kalter Reissalat mit Mais, Erbsen, roten Paprikawürfeln süße Weintrauben	Pellkartoffeln mit Tomaten-Chicoree-Salat Sonnenblumen- und Kürbiskerne
Käsestückchen und frische Ananas Chicoree-Tomaten-Salat Frische Aprikosen	Vollkornroggenbrot mit Nussbutter knackiger gemischter Salat Studentenfutter	Naturjoghurt mit Orangenwürfeln Paranüsse und Rosinen
Avocado mit Frischkäse Haselnüsse und Rosinen	Vollkornspitz mit Pilzaufstrich Tomatensalat Banane	Kartoffel-Blumenkohl-Salat mit Sonnenblumenkernen Datteln und Banane
Kleine Dose Thunfisch Tomaten, Zwiebelringe Blattsalat Orangenscheiben	Kalte Dinkelfrikadelle auf Vollkornbrot Gurkensalat mit Sonnenblumenkernen	Rohkostteller mit Möhren, Gurken, Tomaten, Stangensellerie Banane und Weintrauben Studentenfutter
Weicher Ricottakäse Apfel- und Ananaswürfel Mango	Weiße und rote Bohnen mit Mais und Zwiebeln in Olivenöl-Essig-Marinade Knäckebrot mit Olivenpaste	Pürierte Gartenbeeren mit Naturjoghurt Paranüsse
Kalte Rindfleischscheiben Salat aus grünen Bohnen und Zwiebeln Pfirsich	Sauerkrautsalat mit Weintrauben und gehackten Haselnüssen Vollkorntoast mit Nussbutter Frische Kokosnuss	Gemischter Salat mit Bohnensprossen Avocadoscheiben Frische Erdbeeren

Anhang

GEDANKEN ZUR GANZHEITSMEDIZIN

Eigentlich handelt es sich bei der Ganzheitsmedizin um die ursprüngliche Form der Heilkunst. Denn bevor Medikamente und medizinisches Gerät aufkamen, kannte man nur diese Form der Behandlung. Heute aber gibt es eine Kombination mit den besten Errungenschaften medizinischer Forschung. Man versteht unter Ganzheitsmedizin Behandlungsmethoden, die zugleich sanft und wirksam sind. Sie haben sich in Jahrhunderten herausgebildet und setzen sich vor allem das Ziel, die natürlichen Heilmechanismen des Körpers zu aktivieren und das natürliche Gleichgewicht wiederherzustellen. Diese großer und interessante Bereich der Medizin verdient es sehr wohl, dass man sich etwas näher mit ihm befasst.

Alle Formen der ganzheitlichen Therapie gehen von den Ursachen einer Krankheit aus; die oder der Betroffene werden als etwas Ganzes, eine Einheit begriffen. Dabei kommt es zu erstaunlichen Ergebnissen. Patient und Praktiker arbeiten gemeinsam daran, die Ernährungsweise ebenso wie den Lebensstil, die zu einer bestimmten Krankheit geführt haben, grundlegend zu verändern. Diese Methoden können durchaus parallel zur konventionellen Behandlung angewendet werden. Natürlich darf man verordnete Medikamente nicht einfach absetzen, bevor man nicht so weit wiederhergestellt ist, dass man ohne sie auskommen kann. Am besten holen Sie dazu den Rat Ihres behandelnden Arztes ein.

Doch hält die Ganzheitsmedizin echte und wirksame Alternativen zur Medikamentenbehandlung und sogar zu Rou-
tine-Operationen bereit, es gibt sichere, billigere und auch ef-
fektivere Möglichkeiten, mit den meisten gesundheitlichen
Alltagsproblemen umzugehen.

GESUNDE ERNÄHRUNG STATT TABLETTEN

Es ist durchaus vernünftig, die Frage der Ernährung bei der Be-
urteilung einer Krankheit in den Vordergrund zu stellen; in diesem Bereich kann den meisten geholfen werden, falls sie es
schaffen, sich genau an die vorgeschlagene Ernährungsweise zu
halten. Bei allen möglichen Therapien erweist sich eine Umstellung der Ernährung als hilfreich. Viele Menschen greifen inzwischen zur Selbsthilfe und informieren sich, auf der Suche
nach einer Lösung ohne Medikamente, in Büchern wie diesem.
Je weniger Medikamente jemand in seinem Leben eingenommen hat, umso besser sind ihre oder seine Chancen auf schnelle
und weitgehende Heilung mit Hilfe von alternativen, natürlichen Methoden.

Die Ärzte sind dazu ausgebildet, Anhaltspunkte für eine
Krankheit oder ein Gebrechen festzustellen. Finden sie sie
nicht, machen sie sich häufig auch nicht die Mühe, den vielen
kleineren Leiden nachzuspüren, die zur eigentlichen Krankheit
hinführen. Oft muss Stress als Ursache herhalten. Hier aber
setzt die Ganzheitsmedizin an: Sie bietet konstruktive Hilfe
und Verständnis, zumal viele Praktiker selbst krank gewesen
sind und ihre ganz spezielle Therapie als Antwort darauf gefunden haben. Sie mussten sich ihre Sicht der Wirklichkeit ganz
neu schaffen und oft war das ein quälend langer Weg. Ich weiß
es aus eigener Erfahrung. Und sie wissen, dass es nur dann zu
wirklicher Heilung kommen kann, wenn wir all unsere Kräfte
aufbieten.

Weniger Abhängigkeit von Medikamenten

Setzen Sie auf keinen Fall vom Arzt verordnete Medikamente eigenmächtig ab, denn dann werden die Krankheitssymptome zurückkehren; wichtiger ist, dass Sie den Ursachen Ihrer Krankheit erst einmal auf den Grund gehen. Warten Sie, bis Sie sich besser fühlen und beraten Sie sich mit Ihrem Arzt, bevor Sie an der verschriebenen Arzneimitteldosis etwas ändern. Die Reduktion sollte auch dann nur allmählich erfolgen. Jedermann weiß, dass Medikamente wichtig sind und Leben retten, doch wenn man sie im Falle chronischer Krankheiten über einen langen Zeitraum einnimmt, werden sie den Krankheitsprozess nicht stoppen, sondern nur unter Kontrolle halten, indem sie die Symptome unterdrücken. Damit wird die Krankheit aber letzten Endes nur verschleppt und verlängert.

Wenn Sie nicht erkannte Ernährungsprobleme haben, bewirkt das folgendes:
- Ein Medikament wirkt zunächst lindernd, oft sogar deutlich spürbar
- Wenn das Augenmerk nicht auf die Ernährung gerichtet wird, kann das ursprüngliche Leiden im Zuge der medikamentösen Behandlung weiter um sich greifen
- Die Gesundheit wird immer stärker beeinträchtigt, neue Symptome melden sich, von denen einige auch Nebenwirkungen des Arzneimittels sein können
- Die Dosis muss ständig erhöht werden, um die Symptome unter Kontrolle zu halten
- Der Versuch, die Dosis zu reduzieren, scheitert in vielen Fällen, weil sich dann die Krankheitssymptome wieder melden

Manchmal verhindern Ernährungsprobleme die Wirkung eines Medikaments, und es hilft nicht mehr. Doch sind dann manche

Menschen schon so in Abhängigkeit geraten, dass sie auf das Arzneimittel nicht mehr verzichten können. Sie fühlen sich krank und leiden unter dem Stoffwechsel-Chaos. Jeder von uns kennt Menschen, die leiden müssen und denen Medikamente nicht helfen. Oft werden sie sogar in psychiatrische Behandlung überwiesen.

WARNUNG VOR LANGZEITBERUHIGUNGSMITTELN, ANTIDEPRESSIVA UND STEROIDEN

Wenn Sie bereits über lange Zeit hochwirksame Medikamente einnehmen, dürfen Sie diese nicht ohne weiteres absetzen. Das gilt vor allem, so lange Sie Ihre Ernährung nicht genauer unter die Lupe genommen haben. Am besten wenden Sie sich an einen Spezialisten für Ernährungsmedizin und lassen sich von Ihrem Hausarzt beraten.

Darin liegt die Gefahr

Schnelles Absetzen von Medikamenten kann ähnlich wirken, als wenn man von einem Kochtopf mit brodelndem Inhalt leichtsinnig den Deckel abnimmt. Das ganze Ausmaß der dem Leiden zu Grunde liegenden Krankheit käme zu Tage und könnte den Patienten in einen kritischen Zustand bringen. Ohne die gewohnte Behandlung kann alles außer Kontrolle geraten, ein verheerender Schock des ganzen Organismus die Folge sein. Damit wäre der Patient um Jahre zurückgeworfen. Da viele in ihrer Verzweiflung diesen radikalen Schritt tun, sind solche Auswirkungen durchaus nicht selten. Mir selbst ist es ähnlich ergangen.

PLÖTZLICHES ABSETZEN VON STEROIDEN KANN
LEBENSGEFÄHRLICH SEIN.

Sie sollten sich so wohl wie möglich fühlen
Es gibt keinerlei Grund, warum man sich ohne Not unangenehmen Entziehungserscheinungen aussetzen sollte. Wenn Sie
schon bei einer Reduzierung der Medikamentendosis wieder
Krankheitssymptome spüren, sollten Sie auch weiterhin zumindest soviel einnehmen, dass Sie sich relativ wohl fühlen. Bevor
Sie weitere Schritte unternehmen, können Sie an Ihrer Ernährung und Ihrem Wohlbefinden weiterarbeiten und damit Ihren
Allgemeinzustand verbessern. Wenn Sie bereits stark geschwächt sind, kann das ein sehr langer und langsamer Prozess
sein. Ich selbst habe zwei Jahre gebraucht, bis ich meine Antidepressiva absetzen konnte.

Mehr Information über Medikamente
Inzwischen gibt es eine Menge allgemein verständliche Literatur über Medikamente und frei verkäufliche Arzneimittel wie
auch über deren mögliche Nebenwirkungen. Es ist wichtig, sich
zu beobachten und regelmäßig auf Nebenwirkungen untersu-
chen zu lassen, wenn man Medikamente über längere Zeit einnimmt. In diesen Büchern wird auch diskutiert, unter welchen
Umständen man bestimmte Medikamente besser nicht einnimmt und welche Untersuchungen, beispielsweise Bluttests,
der Einnahme vorausgehen sollten.

*Warum ich früher über die Behandlung ohne Medikamente
nichts gewusst habe?*
Wenn ich von Anfang an mehr über die Möglichkeiten zum
Verzicht auf Medikamente gewusst hätte, wäre ich diesen Weg,
wie so viele andere, sicherlich schon viel früher gegangen. Ich
war besorgt und verärgert, dass ich, als Profi im Gesundheits-

betrieb, so erschütternd ahnungslos gewesen bin. Mein Zorn richtete sich zunächst auch gegen die Ärzte, doch dann stellte ich fest, dass sie nicht mehr gewusst hatten als ich selbst.

Auch das Geschäft mit Medikamenten spielt eine Rolle
Tatsache ist, dass man mit natürlichen Heilmitteln nicht reich werden kann. Und die Ernährungsmedizin stößt keineswegs überall auf Verständnis und begeisterte Aufnahme. Die Dinge beginnen sich aber zu verändern, auch wenn wir es mit einem sehr zögerlichen Lernprozess zu tun haben. Die ernsten Folgen der augenblicklichen Situation schätzen bis heute viel zu wenige unter den Betroffenen richtig ein.

DIE SITUATION IN DEUTSCHLAND

Während die Ernährungsmedizin in den angelsächsischen Ländern inzwischen auf breite Akzeptanz stößt, steht sie in Mitteleuropa noch am Anfang ihrer Entwicklung. Immerhin gibt es inzwischen eine Art Weiterbildung. Die Deutsche Akademie für Ernährungsmedizin in Freiburg i.Br. bietet seit einigen Jahren ergänzende Kurse für Mediziner an. Auch können Diätassistentinnen sich in einem Weiterbildungslehrgang als ernährungsmedizinische Beraterinnen qualifizieren.

Register

GOLDMANN

*Das Gesamtverzeichnis aller lieferbaren Titel erhalten Sie
im Buchhandel oder direkt beim Verlag.
Nähere Informationen über unser Programm erhalten Sie auch im Internet unter:*
www.goldmann-verlag.de

★

Taschenbuch-Bestseller zu Taschenbuchpreisen
– Monat für Monat interessante und fesselnde Titel –

★

Literatur deutschsprachiger und internationaler Autoren

★

Unterhaltung, Kriminalromane, Thriller
und Historische Romane

★

Aktuelle Sachbücher, Ratgeber, Handbücher und
Nachschlagewerke

★

Bücher zu Politik, Gesellschaft, Naturwissenschaft und Umwelt

★

Das Neueste aus den Bereichen
Esoterik, Persönliches Wachstum und Ganzheitliches Heilen

★

Klassiker mit Anmerkungen, Anthologien und Lesebücher

★

Kalender und Popbiographien

★

Die ganze Welt des Taschenbuchs

★

Goldmann Verlag • Neumarkter Str. 18 • 81673 München

Bitte senden Sie mir das neue kostenlose Gesamtverzeichnis

Name: _____

Straße: _____

PLZ / Ort: _____